Tajlandska Kuhinja

Okusi Azije U Vašoj Kuhinji

Ana Petrović

Sažetak

Kozice s umakom od ličija 10
Pržene kozice s mandarinama 11
Kozice s mljevenim umakom 12
Škampi s kineskim gljivama 13
Pržene kozice i grašak 14
Kozice s mango chutneyjem 15
Pržene mesne okruglice od škampa s umakom od luka 16
Mandarinske kozice s graškom 17
Pekinške kozice 18
Kozice s paprikom 19
Pržene kozice sa svinjetinom 20
Prženi kraljevski rak s sherry umakom 21
pržene kozice sa sezamom 22
Kuhani škampi u ljusci 23
Prženi škampi 24
tempura škampi 25
ispod gume 25
Kozice s tofuom 27
Kozice s rajčicama 28
Kozice s umakom od rajčice 28
Kozice s rajčicama i chilli umakom 29
Pržene kozice s umakom od rajčice 30
Kozice s povrćem 31
Kozice s vodenim kestenima 32
Škamp Wonton 33
s abalone piletinom 34
Abalone sa šparogama 35
Abalone s gljivama 37
Abalone s umakom od kamenica 38
školjke kuhane na pari 38
Dagnje s klicama graha 39
Dagnje s đumbirom i češnjakom 40

pržene školjke *41*
kolači od rakova *42*
Krema protiv raka *43*
Meso kineskog raka s listovima *44*
Foo Yung rak s klicama graha *45*
račić od đumbira *46*
Rak Lo Mein *47*
Prženi rakovi sa svinjetinom *48*
Meso rakova kuhano na pari *49*
Pržene polpete od lignji *50*
kantonski jastog *51*
prženi jastog *52*
Jastog kuhan na pari sa šunkom *53*
Jastog s gljivama *54*
Rep jastoga sa svinjetinom *55*
prženi jastog *56*
gnijezda jastoga *58*
Dagnje u umaku od crnog graha *59*
Dagnje s đumbirom *60*
Školjke kuhane na pari *61*
pržene kamenice *61*
Kamenice sa slaninom *62*
Pržene kamenice s đumbirom *63*
Kamenice s umakom od crnog graha *64*
Jakobove kapice s mladicama bambusa *65*
Jakobove kapice s jajima *66*
Jakobove kapice s brokulom *67*
Jakobove kapice s đumbirom *69*
dagnje sa šunkom *70*
Kajgana s jakobovim kapicama i začinskim biljem . *71*
Pečene dagnje i luk *72*
Jakobove kapice s povrćem *73*
Jakobove kapice s paprikom *74*
Hobotnica s klicama graha *75*
pržene lignje *76*
Paketi s hobotnicama *77*

Pržene rolice od lignji.. *78*
pržene lignje.. *80*
Hobotnica sa suhim gljivama *80*
Hobotnica s povrćem *81*
Goveđi gulaš s anisom *82*
Teletina sa šparogama *83*
Govedina s mladicama bambusa *84*
Govedina s mladicama bambusa i gljivama *85*
Kineska pirjana govedina *86*
Govedina s klicama graha *87*
Govedina s brokulom *88*
Govedina sa sezamom i brokulom *89*
Meso s roštilja.. *91*
Kantonsko meso *92*
Govedina s mrkvom *93*
Govedina s indijskim oraščićima *94*
Govedina za sporo kuhanje.. *94*
Govedina s cvjetačom *95*
Teletina sa celerom *96*
Pečene ploške govedine s celerom.. *97*
Juneće rezano s piletinom i celerom..................................... *98*
Meso s čilijem *100*
Goveđi kineski kupus *101*
Teleći kotlet Suey *102*
govedina s krastavcima... *103*
mesna hrana mein... *104*
odrezak od krastavaca *106*
Curry pečena govedina... *107*
ukiseljeno uho *108*
Mladice bambusa kuhane na pari.. *110*
Piletina krastavac *111*
Piletina sa sezamom.. *112*
Liči s đumbirom *113*
Crvena kuhana pileća krilca... *114*
Meso rakova s krastavcima... *115*
ukiseljene gljive... *116*

Marinirane gljive od češnjaka 117
Škampi i cvjetača 118
Štapići šunke sa sezamom 119
hladni tofu 120
Piletina sa slaninom 121
Popečci s piletinom i bananama 122
Piletina s đumbirom i gljivama 123
piletina i šunka 125
Pileća jetrica na žaru 126
Kuglice od rakova s vodenim kestenom 127
dim sum 128
Rolice od šunke i piletine 129
Pečeni kolutići od šunke 131
pseudo dimljena riba 132
gljive kuhane na pari 134
Gljive u umaku od kamenica 135
Rolat od svinjetine i salate 136
Ćufte od svinjetine i kestena 138
svinjske okruglice 139
Svinjske i goveđe okruglice 140
leptir škampi 141
kineske kozice 142
zmajevi oblaci 143
hrskave kozice 144
Kozice s umakom od đumbira 145
Kozice i rolice od tjestenine 146
tost sa škampima 148
Wonton od svinjetine i škampa sa slatko-kiselim umakom 149
Pileća juha 151
Juha od svinjetine i klica graha 152
Juha od abalona i gljiva 153
Juha od piletine i šparoga 155
Goveđa juha 156
Kineska juha od govedine i lišća 157
Juha od kupusa 158
Začinjena goveđa juha 159

rajska juha 161
Juha od piletine i izdanaka bambusa 162
Juha od piletine i kukuruza 163
Juha od piletine i đumbira 164
Kineska pileća juha s gljivama 165
Pileća juha i riža 166
Juha od piletine i kokosa 167
Juha od dagnji 168
juha od jaja 169
Juha od rakova i školjki 170
juha od rakova 172
Riblja juha 173
Riblja juha i salata 174
Juha od đumbira s mesnim okruglicama 176
ljuta i kisela juha 177
Juha od gljiva 178
Juha od gljiva i kupusa 179
Juha od jaja od gljiva 180
Juha od gljiva i kestena s vodom 181
Juha od svinjetine i gljiva 182
Juha od svinjetine i potočarke 183
Svinjska juha od krastavaca 184
Juha s mesnim okruglicama i tjesteninom 185
Juha od špinata i tofua 186
Kukuruz šećerac i sok od rakova 187
Sečuanska juha 188
juha od tofua 190
Juha od ribe i tofua 191
Juha od rajčice 192
Juha od rajčice i špinata 193
juha od repe 194
Juha 195
vegetarijanska juha 196
juha od potočarke 197
Pržena riba s povrćem 198
Cijela pržena riba 200

Riba od soje kuhana na pari *201*
Riba od soje s umakom od kamenica *202*
brancin kuhan na pari *204*
Riba kuhana na pari s gljivama *205*
slatka i kisela riba *207*
Punjena riba od svinjetine *209*
Šaran začinjen na pari *211*

Kozice s umakom od ličija

poslužitelj 4

50 g / 2 oz / ¬Ω jedna šalica (za sve namjene)

Brašno

2,5 ml / ¬Ω čajna žličica soli

1 jaje, lagano tučeno

30 ml / 2 žlice vode

450 g oguljenih kozica

pržimo ulje

30 ml / 2 žlice ulja od kikirikija.

2 kriške nasjeckanog korijena đumbira

30 ml / 2 žlice vinskog octa

5 ml / 1 žličica šećera

2,5 ml / ¬Ω čajna žličica soli

15 ml / 1 žlica soja umaka

200 g konzerviranog ličija, ocijeđenog

Pomiješajte brašno, sol, jaje i vodu dok ne dobijete tijesto, po potrebi dodajte malo vode. Pomiješajte sa škampima dok se dobro ne prekriju. Zagrijte ulje i pržite kozice dok ne porumene i za nekoliko minuta postanu hrskave. Ocijediti na kuhinjskom papiru i staviti u toplu zdjelu. U međuvremenu zagrijte ulje i pržite đumbir 1 minutu. Dodajte vinski ocat, šećer, sol i sojin umak. Dodajte liči i miješajte dok ne bude vruće i prekriveno umakom. Prelijte kozice i odmah poslužite.

Pržene kozice s mandarinama

poslužitelj 4

60 ml / 4 žlice ulja od kikirikija.
1 češanj češnjaka, zgnječen
1 kriška korijena đumbira, nasjeckana
450 g oguljenih kozica
30 ml / 2 žlice rižinog vina ili suhog šerija 30 ml / 2 žlice soja umaka
15 ml / 1 žlica kukuruznog brašna (kukuruzni škrob)
45 ml / 3 žlice vode

Zagrijte ulje i popržite češnjak i đumbir dok ne porumene. Dodajte kozice i pržite 1 minutu. Dodajte vino ili šeri i dobro promiješajte. Dodajte sojin umak, kukuruzni škrob i vodu te kuhajte 2 minute.

Kozice s mljevenim umakom

poslužitelj 4

5 suhih kineskih gljiva
225 g klica graha
60 ml / 4 žlice ulja od kikirikija.
5 ml / 1 žličica soli
2 stabljike celera, nasjeckane
4 mlada luka, nasjeckana
2 češnja češnjaka, mljevena
2 kriške nasjeckanog korijena đumbira
60 ml / 4 žlice vode
15 ml / 1 žlica soja umaka
15 ml / 1 žlica rižinog vina ili suhog šerija
225 g mangetouta (grašak)
225 g oguljenih kozica
15 ml / 1 žlica kukuruznog brašna (kukuruzni škrob)

Namočite gljive u toploj vodi 30 minuta, zatim filtrirajte. Odstranite peteljke i odrežite vrhove. Klice graha blanširajte u kipućoj vodi 5 minuta, zatim dobro ocijedite. Zagrijte pola ulja i popržite sol, celer, mladi luk i klice graha 1 minutu pa izvadite iz tave. Zagrijte preostalo ulje i popržite češnjak i đumbir dok ne porumene. Dodajte pola vode, sojin umak, vino ili šeri, grašak i kozice, zakuhajte i kuhajte 3 minute. Pomiješajte kukuruzni škrob i preostalu vodu, dodajte u tavu i miješajte dok se umak ne zgusne. Vratiti povrće u lonac, pustiti da se kuha na vrućem. Poslužite odmah.

Škampi s kineskim gljivama

poslužitelj 4

8 suhih kineskih gljiva
45 ml / 3 žlice ulja od kikirikija.
3 kriške nasjeckanog korijena đumbira
450 g oguljenih kozica
15 ml / 1 žlica soja umaka
5 ml / 1 žličica soli
60 ml / 4 žlice ribljeg soka

Namočite gljive u toploj vodi 30 minuta, zatim filtrirajte. Odstranite peteljke i odrežite vrhove. Zagrijte pola ulja i pržite đumbir dok ne porumeni. Dodajte kozice, sojin umak i sol i pržite dok ulje ne ispari, a zatim maknite s tave. Zagrijte preostalo ulje i pržite gljive dok ne porumene. Dodajte temeljac, zakuhajte, poklopite i kuhajte 3 minute. Vratite kozice u tavu i miješajte dok se ne zagriju.

Pržene kozice i grašak

poslužitelj 4

450 g oguljenih kozica
5 ml / 1 žličica sezamovog ulja
5 ml / 1 žličica soli
30 ml / 2 žlice ulja od kikirikija.
1 češanj češnjaka, zgnječen
1 kriška korijena đumbira, nasjeckana
225 g smrznutog ili blanširanog graška, odmrznutog
4 mlada luka, nasjeckana
30 ml / 2 žlice vode
sol papar

Pomiješajte kozice sa sezamovim uljem i soli. Zagrijte ulje i pržite češnjak i đumbir 1 minutu. Dodajte kozice i pirjajte ih 2 minute. Dodajte grašak i pirjajte 1 minutu. Dodajte mladi luk i vodu, začinite solju, paprom i po želji s malo sezamovog ulja. Prije posluživanja zagrijte ga laganim miješanjem.

Kozice s mango chutneyjem

poslužitelj 4

12 kozica
sol papar
Sok od 1 limuna
30 ml / 2 žlice kukuruznog brašna (kukuruzni škrob)
1 mango
5 ml / 1 žličica senfa u prahu
5 ml / 1 žličica meda
30 ml / 2 žlice kokosovog vrhnja
30 ml / 2 žlice blagog curry praha
120 ml / 4 fl oz / ¬Ω šalice pilećeg temeljca
45 ml / 3 žlice ulja od kikirikija.
2 češnja češnjaka, mljevena
2 mlada luka (mladi luk), nasjeckana
1 komorač, mljeveni
100 g ajvara od manga

Ogulite kozice, a repove ostavite netaknute. Začinite solju, paprom i limunovim sokom, a zatim po vrhu pospite polovicom kukuruznog škroba. Ogulite mango, odvojite meso od kosti, pa ga narežite na kockice. Pomiješajte senf, med, vrhnje od kokosa, curry, preostali kukuruzni škrob i temeljac. Zagrijte pola ulja i na njemu pržite češnjak, mladi luk i komorač 2 minute. Dodajte temeljac, zakuhajte i kuhajte 1 minutu. Dodajte kockice manga i ljuti umak, prokuhajte na laganoj vatri pa stavite na topli tanjur. Zagrijte preostalo ulje i kuhajte kozice na pari 2 minute. Rasporedite po povrću i odmah poslužite.

Pržene mesne okruglice od škampa s umakom od luka

poslužitelj 4

3 jaja, lagano tučena
45 ml / 3 žlice brašna (sve namjene).
sol i svježe mljeveni papar
450 g oguljenih kozica
pržimo ulje
15 ml / 1 žlica ulja od kikirikija (kikiriki).
2 glavice luka nasjeckane
15 ml / 1 žlica kukuruznog brašna (kukuruzni škrob)
30 ml / 2 žlice soja umaka

175 ml / 6 fl oz / ¾ šalice vode

Pomiješajte jaja, brašno, sol i papar. Umočite kozice u tijesto. Zagrijte ulje i pržite kozice dok ne porumene. U međuvremenu zagrijte ulje i pržite luk 1 minutu. Ostatak sastojaka zapjeniti, dodati luk i kuhati uz miješanje dok se umak ne zgusne. Kozice ocijedite i stavite u toplu zdjelu. Prelijte umakom i odmah poslužite.

Mandarinske kozice s graškom

poslužitelj 4
60 ml / 4 žlice ulja od kikirikija.
1 režanj češnjaka, samljeven
1 kriška korijena đumbira, nasjeckana
450 g oguljenih kozica
30 ml / 2 žlice rižinog vina ili suhog šerija
225 g smrznutog graška, odmrznutog
30 ml / 2 žlice soja umaka
15 ml / 1 žlica kukuruznog brašna (kukuruzni škrob)
45 ml / 3 žlice vode

Zagrijte ulje i popržite češnjak i đumbir dok ne porumene. Dodajte kozice i pržite 1 minutu. Dodajte vino ili šeri i dobro promiješajte. Dodajte grašak i pirjajte 5 minuta. Dodajte ostale sastojke i pržite 2 minute.

Pekinške kozice

poslužitelj 4

30 ml / 2 žlice ulja od kikirikija.
2 češnja češnjaka, mljevena
1 kriška korijena đumbira, sitno nasjeckanog
225 g oguljenih kozica
4 mladog luka (kapulije) narezana na deblje ploške
120 ml / 4 fl oz / ¬Ω šalice pilećeg temeljca
5 ml / 1 žličica smeđeg šećera
5 ml / 1 žličica soja umaka
5 ml / 1 žličica hoisin umaka
5 ml / 1 žličica Tabasco umaka

Zagrijte ulje s češnjakom i đumbirom i pržite dok češnjak lagano ne porumeni. Dodajte kozice i pržite 1 minutu. Dodajte vlasac i pržite 1 minutu. Dodajte ostale sastojke, zakuhajte, poklopite i kuhajte 4 minute uz povremeno miješanje. Provjerite začine i dodajte još malo tabasca ako želite.

Kozice s paprikom

posluži telj 4

30 ml / 2 žlice ulja od kikirikija.
1 zelena paprika nasjeckana na kockice
450 g oguljenih kozica
10 ml / 2 žličice kukuruznog brašna (kukuruzni škrob)
60 ml / 4 žlice vode
5 ml / 1 žličica rižinog vina ili suhog šerija
2,5 ml / ¬Ω čajna žličica soli
45 ml / 2 žlice paste od rajčice √ © e (tjestenina)

Zagrijte ulje i pržite papriku 2 minute. Dodajte kozice i pastu od rajčice i dobro promiješajte. Pomiješajte vodu od kukuruznog brašna, vino ili šeri i sol u pastu, pomiješajte u tavi i nastavite miješati dok umak ne postane bistar i zgusne se.

Pržene kozice sa svinjetinom

poslužitelj 4

225 g oguljenih kozica
100 g nemasne svinjetine, mljevene
60 ml / 4 žlice rižinog vina ili suhog šerija
1 bjelanjak
45 ml / 3 žlice kukuruznog brašna (kukuruzni škrob)
5 ml / 1 žličica soli
15 ml / 1 žlica vode (po izboru)
90 ml / 6 žlica ulja od kikirikija.
45 ml / 3 žliceribljeg soka
5 ml / 1 žličica sezamovog ulja

Stavite račiće i svinjetinu u zasebne zdjelice. Pomiješajte 45 ml / 3 žlice vina ili šerija, bjelanjak, 30 ml / 2 žlice kukuruznog škroba i sol dok ne dobijete glatku smjesu, po potrebi dodajte vodu. Smjesu podijeliti na svinjetinu i kozice i dobro okrenuti da se ujednači. Zagrijte ulje i pržite svinjetinu i kozice dok ne porumene nekoliko minuta. Izvadite iz tave i ulijte sve osim 15 ml/1 žlice ulja. Dodajte juhu u lonac s ostatkom vina ili šerija i kukuruznim škrobom. Pustite da zavrije i uz miješanje kuhajte dok se umak ne zgusne. Prelijte gambere i svinjetinu i poslužite pokapano sezamovim uljem.

Prženi kraljevski rak s sherry umakom

poslužitelj 4

50 g / 2 oz / ¬Ω šalica višenamjenskog brašna.

2,5 ml / ¬Ω čajna žličica soli

1 jaje, lagano tučeno

30 ml / 2 žlice vode

450 g oguljenih kozica

pržimo ulje

15 ml / 1 žlica ulja od kikirikija (kikiriki).

1 glavica luka sitno nasjeckana

45 ml / 3 žlice rižinog vina ili suhog šerija

15 ml / 1 žlica soja umaka

120 ml / 4 fl oz / ¬Ω šalice ribljeg soka

10 ml / 2 žličice kukuruznog brašna (kukuruzni škrob)

30 ml / 2 žlice vode

Pomiješajte brašno, sol, jaje i vodu dok ne dobijete tijesto, po potrebi dodajte malo vode. Pomiješajte sa škampima dok se dobro ne prekriju. Zagrijte ulje i pržite kozice dok ne porumene i za nekoliko minuta postanu hrskave. Ocijediti na kuhinjskom papiru i staviti u toplu zdjelu. U međuvremenu zagrijte ulje i popržite luk dok ne omekša. Dodajte vino ili šeri, sojin umak i temeljac, zakuhajte i kuhajte 4 minute. Pomiješajte kukuruzno brašno i vodu dok ne nastane pasta, promiješajte u tavi i nastavite miješati dok umak ne postane bistar i zgusnut. Kozice prelijte umakom i poslužite.

pržene kozice sa sezamom

poslužitelj 4

450 g oguljenih kozica

¬Ω bjelanjak

5 ml / 1 žličica soja umaka

5 ml / 1 žličica sezamovog ulja

50 g / 2 oz / ¬Ω šalice kukuruznog brašna (kukuruzni škrob)

sol i svježe mljeveni bijeli papar

pržimo ulje

60 ml / 4 žlice sjemenki sezama

Listovi zelene salate

Pomiješajte kozice s bjelanjkom, soja umakom, sezamovim uljem, kukuruznim škrobom, soli i paprom. Dodajte malo vode ako je smjesa pregusta. Zagrijte ulje i pržite kozice nekoliko minuta dok lagano ne porumene. U međuvremenu na suhoj tavi kratko prepecite sjemenke sezama dok ne porumene. Kozice ocijedite i pomiješajte sa sezamom. Poslužite na podlozi od salate.

Kuhani škampi u ljusci

poslužitelj 4

60 ml / 4 žlice ulja od kikirikija.
750 g / 1¬Ω lb škampi bez ljuske
3 mlada luka, nasjeckana
3 kriške nasjeckanog korijena đumbira
2,5 ml / ¬Ω čajna žličica soli
15 ml / 1 žlica rižinog vina ili suhog šerija
120 ml / 4 fl oz / ¬Ω šalica kečapa (kečap)
15 ml / 1 žlica soja umaka
15 ml / 1 žlica šećera
15 ml / 1 žlica kukuruznog brašna (kukuruzni škrob)
60 ml / 4 žlice vode

Zagrijte ulje i pržite kozice 1 minutu ako su kuhane ili dok ne porumene ako su sirove. Dodajte mladi luk, đumbir, sol i vino ili sherry te kuhajte 1 minutu. Dodati kečap, sojin umak i šećer i kuhati 1 minutu. Pomiješajte kukuruzni škrob i vodu, ulijte u tavu i kuhajte uz miješanje dok umak ne posvijetli i ne zgusne se.

Prženi škampi

poslužitelj 4

75 g / 3 oz / vrhom ¬ šalica kukuruznog brašna (kukuruzni škrob)

1 bjelanjak

5 ml / 1 žličica rižinog vina ili suhog šerija

Sol

350 g oguljenih kozica

pržimo ulje

Pomiješajte kukuruzni škrob, bjelanjke, vino ili šeri i prstohvat soli da dobijete gustu smjesu. Umočite škampe u tijesto dok se dobro ne prekriju. Zagrijte ulje i pržite kozice dok ne porumene nekoliko minuta. Izvadite iz ulja, ponovno zagrijte dok se ne zagriju, a zatim ponovno pržite kozice dok ne postanu hrskave i zlatno smeđe.

tempura škampi

poslužitelj 4

450 g oguljenih kozica
30 ml / 2 žlice brašna (sve namjene).
30 ml / 2 žlice kukuruznog brašna (kukuruzni škrob)
30 ml / 2 žlice vode
2 razmućena jaja
pržimo ulje

Kozice prepolovite po unutarnjoj krivini i otvorite ih u obliku leptira. Pomiješajte brašno, kukuruzni škrob i vodu dok ne dobijete tijesto, zatim dodajte jaja. Zagrijte ulje i pržite kozice dok ne porumene.

ispod gume

poslužitelj 4

30 ml / 2 žlice ulja od kikirikija.
2 mlada luka (mladi luk), nasjeckana

1 češanj češnjaka, zgnječen

1 kriška korijena đumbira, nasjeckana

100 g pilećih prsa narezanih na trakice

100 g šunke narezane na trakice

100 g mladica bambusa narezanih na trakice

100 g vodenog kestena narezanog na trakice

225 g oguljenih kozica

30 ml / 2 žlice soja umaka

30 ml / 2 žlice rižinog vina ili suhog šerija

5 ml / 1 žličica soli

5 ml / 1 žličica šećera

5 ml / 1 žličica kukuruznog brašna (kukuruzni škrob)

Zagrijte ulje i popržite mladi luk, češnjak i đumbir dok ne porumene. Dodajte piletinu i pržite 1 minutu. Dodajte šunku, mladice bambusa i vodene kestene te pržite 3 minute. Dodajte kozice i pržite 1 minutu. Dodajte soja umak, vino ili šeri, sol i šećer i pirjajte 2 minute. Kukuruzni škrob pomiješajte s malo vode, ulijte u šerpu i kuhajte na laganoj vatri uz miješanje 2 minute.

Kozice s tofuom

poslužitelj 4

45 ml / 3 žlice ulja od kikirikija.
225 g tofua narezanog na kockice
1 mladi luk (kapula), sitno nasjeckan
1 češanj češnjaka, zgnječen
15 ml / 1 žlica soja umaka
5 ml / 1 žličica šećera
90 ml / 6 žlica ribljeg soka
225 g oguljenih kozica
15 ml / 1 žlica kukuruznog brašna (kukuruzni škrob)
45 ml / 3 žlice vode

Zagrijte pola ulja i pržite tofu dok lagano ne porumeni pa ga izvadite iz tave. Zagrijte preostalo ulje i popržite mladi luk i češnjak dok ne porumene. Dodajte sojin umak, šećer i juhu i pustite da zavrije. Dodajte kozice i miješajte na laganoj vatri 3 minute. Pomiješajte kukuruzno brašno i vodu dok ne dobijete pastu, umiješajte u tavu i pirjajte uz miješanje dok se umak ne zgusne. Vratite tofu u tavu i pustite da se kuha vruće.

Kozice s rajčicama

poslužitelj 4

2 bjelanjka

30 ml / 2 žlice kukuruznog brašna (kukuruzni škrob)

5 ml / 1 žličica soli

450 g oguljenih kozica

pržimo ulje

30 ml / 2 žlice rižinog vina ili suhog šerija

225 g rajčica, oguljenih, očišćenih od koštice i nasjeckanih

Pomiješajte bjelanjke, kukuruzni škrob i sol. Dodajte škampe dok se dobro ne prekriju. Zagrijte ulje i pržite kozice dok ne porumene. Ulijte sve osim 15 ml/1 žlice ulja i zagrijte. Dodajte vino ili sherry i rajčice te pustite da zavrije. Dodajte kozice i brzo zagrijte prije posluživanja.

Kozice s umakom od rajčice

poslužitelj 4

30 ml / 2 žlice ulja od kikirikija.

1 češanj češnjaka, zgnječen

2 kriške nasjeckanog korijena đumbira

2,5 ml / ¬Ω čajna žličica soli

15 ml / 1 žlica rižinog vina ili suhog šerija

15 ml / 1 žlica soja umaka
6 ml / 4 žlice kečapa
120 ml / 4 fl oz / ¬Ω šalice ribljeg soka
350 g oguljenih kozica
10 ml / 2 žličice kukuruznog brašna (kukuruzni škrob)
30 ml / 2 žlice vode

Zagrijte ulje i pržite češnjak, đumbir i sol 2 minute. Dodajte vino ili šeri, sojin umak, kečap i temeljac te zakuhajte. Dodajte kozice, poklopite i kuhajte 2 minute. Kukuruzno brašno i vodu pomiješajte u pastu, ulijte u tavu i pirjajte uz miješanje dok umak ne postane bistar i zgusne se.

Kozice s rajčicama i chilli umakom

poslužitelj 4

60 ml / 4 žlice ulja od kikirikija.
15 ml / 1 žlica mljevenog đumbira
15 ml / 1 žlica nasjeckanog češnjaka
15 ml / 1 žlica nasjeckanog vlasca
60 ml / 4 žlice paste od rajčice √ © e (tjestenina)
15 ml / 1 žlica ljutog umaka

450 g oguljenih kozica
15 ml / 1 žlica kukuruznog brašna (kukuruzni škrob)
15 ml / 1 žlica vode

Zagrijte ulje i na njemu pržite đumbir, češnjak i mladi luk 1 minutu. Dodajte pastu od rajčice i ljuti umak i dobro promiješajte. Dodajte kozice i pirjajte ih 2 minute. Pomiješajte kukuruzno brašno i vodu dok ne postane glatko, dodajte u tavu i pirjajte dok se umak ne zgusne. Poslužite odmah.

Pržene kozice s umakom od rajčice

poslužitelj 4

50 g / 2 oz / ¬Ω šalica višenamjenskog brašna.
2,5 ml / ¬Ω čajna žličica soli
1 jaje, lagano tučeno
30 ml / 2 žlice vode
450 g oguljenih kozica
pržimo ulje
30 ml / 2 žlice ulja od kikirikija.

1 glavica luka sitno nasjeckana
2 kriške nasjeckanog korijena đumbira
75 ml / 5 žlica kečapa
10 ml / 2 žličice kukuruznog brašna (kukuruzni škrob)
30 ml / 2 žlice vode

Pomiješajte brašno, sol, jaje i vodu dok ne dobijete tijesto, po potrebi dodajte malo vode. Pomiješajte sa škampima dok se dobro ne prekriju. Zagrijte ulje i pržite kozice dok ne porumene i za nekoliko minuta postanu hrskave. Ocijediti na kuhinjskom papiru.

U međuvremenu zagrijte ulje i popržite luk i đumbir dok ne omekšaju. Dodajte kečap i pirjajte 3 minute. Pomiješajte kukuruzno brašno i vodu dok ne dobijete pastu, umiješajte u tavu i pirjajte uz miješanje dok se umak ne zgusne. Dodajte kozice u tavu i pirjajte dok se ne zagriju. Poslužite odmah.

Kozice s povrćem

poslužitelj 4

15 ml / 1 žlica ulja od kikirikija (kikiriki).
225 g / 8 oz cvjetova brokule
225 g šampinjona
225 g izdanaka bambusa, narezanih
450 g oguljenih kozica
120 ml / 4 fl oz / ¬Ω šalice pilećeg temeljca
5 ml / 1 žličica kukuruznog brašna (kukuruzni škrob)
5 ml / 1 žličica umaka od kamenica
2,5 ml / ¬Ω žličica šećera
2,5 ml / ¬Ω žličice naribanog korijena đumbira
prstohvat svježe mljevenog papra

Zagrijte ulje i pržite brokulu 1 minutu. Dodajte gljive i mladice bambusa i pirjajte 2 minute. Dodajte kozice i pirjajte ih 2 minute. Ostale sastojke pomiješati i dodati kozicama. Pustite da zavrije, miješajući, zatim kuhajte 1 minutu, neprestano miješajući.

Kozice s vodenim kestenima

poslužitelj 4

60 ml / 4 žlice ulja od kikirikija.

1 režanj češnjaka, samljeven

1 kriška korijena đumbira, nasjeckana

450 g oguljenih kozica

30 ml / 2 žlice rižinog vina ili suhog šerija 225 g / 8 oz vodenih kestena, narezanih na ploške

30 ml / 2 žlice soja umaka

15 ml / 1 žlica kukuruznog brašna (kukuruzni škrob)

45 ml / 3 žlice vode

Zagrijte ulje i popržite češnjak i đumbir dok ne porumene. Dodajte kozice i pržite 1 minutu. Dodajte vino ili šeri i dobro promiješajte. Dodajte vodene kestene i pržite 5 minuta. Dodajte ostale sastojke i pržite 2 minute.

Škamp Wonton

poslužitelj 4

450 g oguljenih kozica, sitno narezanih

225 g nasjeckanog miješanog povrća

15 ml / 1 žlica soja umaka

2,5 ml / ½ čajna žličica soli

nekoliko kapi sezamovog ulja

40 skinova wontona

pržimo ulje

Pomiješajte škampe, povrće, soja umak, sol i sezamovo ulje.

Za presavijanje wontona, držite kožu lijevim dlanom i ulijte malo nadjeva u sredinu. Rubove premažite jajetom i presavijte kožu u trokut, zalijepite rubove. Kutove navlažite jajetom i zarolajte zajedno.

Zagrijte ulje i pecite jedan po jedan wonton dok ne porumene. Dobro ocijedite prije posluživanja.

s abalone piletinom

posluživanje 4

400 g konzervirane abalone

30 ml / 2 žlice ulja od kikirikija.

100 g pilećih prsa narezanih na kockice

100 g izdanaka bambusa, narezanih na kriške
250 ml / 8 tečnih oz / 1 šalica ribljeg temeljca
15 ml / 1 žlica rižinog vina ili suhog šerija
5 ml / 1 žličica šećera
2,5 ml / ¬Ω čajna žličica soli
15 ml / 1 žlica kukuruznog brašna (kukuruzni škrob)
45 ml / 3 žlice vode

Ocijedite i narežite, a sok ostavite sa strane. Zagrijte ulje i pržite pileća prsa dok ne dobiju svijetlo smeđu boju. Dodajte abalone i mladice bambusa i pržite 1 minutu. Dodajte temeljac od abalona, temeljac, vino ili sherry, šećer i sol, zakuhajte i kuhajte 2 minute. Pomiješajte kukuruzno brašno i vodu u pastu i kuhajte uz miješanje dok umak ne posvijetli i ne zgusne se. Poslužite odmah.

Abalone sa šparogama

poslužitelj 4

10 suhih kineskih gljiva

30 ml / 2 žlice ulja od kikirikija.

15 ml / 1 žlica vode

225 g šparoga

2,5 ml / ¬Ω žličica ribljeg umaka

15 ml / 1 žlica kukuruznog brašna (kukuruzni škrob)

225 g / 8 oz konzerve abalona, narezanog na kriške

60 ml / 4 žlice juhe

¬Ω mala mrkva, narezana na ploške

5 ml / 1 žličica soja umaka

5 ml / 1 žličica umaka od kamenica

5 ml / 1 žličica rižinog vina ili suhog šerija

Namočite gljive u toploj vodi 30 minuta, zatim filtrirajte. Bacite peteljke. Zagrijte 15 ml / 1 žlicu ulja s vodom i pržite gljive 10 minuta. U međuvremenu kuhajte šparoge u kipućoj vodi dok ne omekšaju s ribljim umakom i 1 žličicom/5 ml kukuruznog škroba. Dobro ocijedite i stavite u toplu posudu s gljivama. Držite ih na toplom. Zagrijte preostalo ulje i pržite abalone nekoliko sekundi pa dodajte temeljac, mrkvu, sojin umak, umak od kamenica, vino ili šeri i preostali kukuruzni škrob. Kuhajte oko 5 minuta dok ne omekša, zatim dodajte šparoge i poslužite.

Abalone s gljivama

poslužitelj 4

6 suhih kineskih gljiva
400 g konzervirane abalone
45 ml / 3 žlice ulja od kikirikija.
2,5 ml / ¬Ω čajna žličica soli
15 ml / 1 žlica rižinog vina ili suhog šerija
3 mlada luka narezana na deblje

Namočite gljive u toploj vodi 30 minuta, zatim filtrirajte. Odstranite peteljke i odrežite vrhove. Ocijedite i narežite, a sok ostavite sa strane. Zagrijte ulje i pržite sol i gljive 2 minute. Dodajte temeljac od abalona i sherry, zakuhajte, poklopite i kuhajte na laganoj vatri 3 minute. Dodajte abalone i mladi luk i pirjajte dok se ne zagriju. Poslužite odmah.

Abalone s umakom od kamenica

poslužitelj 4

400 g konzervirane abalone
15 ml / 1 žlica kukuruznog brašna (kukuruzni škrob)
15 ml / 1 žlica soja umaka
45 ml / 3 žlice umaka od kamenica
30 ml / 2 žlice ulja od kikirikija.
50 g nasjeckane pršute

Ocijedite limenku abalonea i sačuvajte 90 ml / 6 žlica tekućine. Pomiješajte s kukuruznim škrobom, umakom od soje i umakom od kamenica. Zagrijte ulje i kuhajte na pari ocijeđeno uho 1 minutu. Dodajte mješavinu umaka i kuhajte uz miješanje dok se ne zagrije, oko 1 minutu. Stavite u toplu zdjelu i poslužite ukrašeno šunkom.

školjke kuhane na pari

poslužitelj 4

24 školjke

Dagnje dobro očistite i potopite u slanu vodu nekoliko sati. Isperite ih pod tekućom vodom i stavite na dublji pleh. Stavite na rešetku u kuhalo za paru, poklopite i kuhajte na pari u kipućoj vodi oko 10 minuta dok se sve školjke ne otvore. Odbacite one koji su ostali zatvoreni. Poslužite s umacima.

Dagnje s klicama graha

poslužitelj 4

24 školjke
15 ml / 1 žlica ulja od kikirikija (kikiriki).
150 g klica graha
1 zelena paprika, narezana na trakice
2 mlada luka (mladi luk), nasjeckana
15 ml / 1 žlica rižinog vina ili suhog šerija
sol i svježe mljeveni papar
2,5 ml / ¬Ω žličica sezamovog ulja
50 g nasjeckane pršute

Dagnje dobro očistite i potopite u slanu vodu nekoliko sati. Isperite pod tekućom vodom. Zakuhajte vodu, dodajte dagnje i kuhajte nekoliko minuta dok se ne otvore. Odvijte i bacite sve što je ostalo zatvoreno. Školjke izvadite iz ljuski.

Zagrijte ulje i pržite klice graha 1 minutu. Dodajte papriku i mladi luk i pirjajte 2 minute. Dodajte vino ili šeri i začinite solju i paprom. Zagrijte, zatim umiješajte školjke i miješajte dok se dobro ne sjedini i postane vruće. Stavite na topli tanjur i poslužite poškropljeno sezamovim uljem i šunkom.

Dagnje s đumbirom i češnjakom

poslužitelj 4

24 školjke
15 ml / 1 žlica ulja od kikirikija (kikiriki).
2 kriške nasjeckanog korijena đumbira
2 češnja češnjaka, mljevena
15 ml / 1 žlica vode
5 ml / 1 žličica sezamovog ulja
sol i svježe mljeveni papar

Dagnje dobro očistite i potopite u slanu vodu nekoliko sati. Isperite pod tekućom vodom. Zagrijte ulje i pržite đumbir i češnjak 30 sekundi. Dodajte dagnje, vodu i sezamovo ulje, poklopite i kuhajte cca. 5 minuta dok se školjke ne otvore. Odbacite one koji su ostali zatvoreni. Lagano začinite solju i paprom i odmah poslužite.

pržene školjke

poslužitelj 4

24 školjke
60 ml / 4 žlice ulja od kikirikija.
4 češnja češnjaka, nasjeckana
1 sitno nasjeckani luk
2,5 ml / ¬Ω čajna žličica soli

Dagnje dobro očistite i potopite u slanu vodu nekoliko sati. Isperite pod tekućom vodom i osušite. Zagrijte ulje i popržite češnjak, luk i sol dok ne omekšaju. Dodajte školjke, poklopite i pirjajte oko 5 minuta dok se sve školjke ne otvore. Odbacite one koji su ostali zatvoreni. Lagano pržite još 1 minutu, premazani uljem.

kolači od rakova

poslužitelj 4

225 g klica graha
60 ml / 4 žlice ulja od kikirikija 100 g / 4 oz izdanaka bambusa, narezanih na trakice
1 sitno nasjeckani luk
225 g mesa rakova, u pahuljicama
4 jaja, lagano tučena
15 ml / 1 žlica kukuruznog brašna (kukuruzni škrob)
30 ml / 2 žlice soja umaka
sol i svježe mljeveni papar

Klice graha blanširajte u kipućoj vodi 4 minute, zatim procijedite. Zagrijte pola ulja i popržite klice graha, mladice bambusa i luk dok ne omekšaju. Maknite s vatre i dodajte sve ostale sastojke osim ulja. Zagrijte preostalo ulje u čistoj tavi i žlicom pržite smjesu od rakova u male pogačice. Pržite obje strane dok ne porumene, pa odmah poslužite.

Krema protiv raka

poslužitelj 4
225 g mesa rakova
5 tučenih jaja
1 mladi luk (mali luk), sitno nasjeckan
250 ml / 8 tečnih oz / 1 šalica vode
5 ml / 1 žličica soli
5 ml / 1 žličica sezamovog ulja

Sve sastojke zajedno dobro izmiješajte. Stavite u zdjelu, poklopite i stavite na vrh kuhala za paru iznad vruće vode ili na rešetku za paru. Pirjajte oko 35 minuta dok ne dobijete kremu od tjestenine uz povremeno miješanje. Poslužite s rižom.

Meso kineskog raka s listovima

poslužitelj 4

450 g / 1 lb kineskog lišća, nasjeckanog
45 ml / 3 žlice biljnog ulja
2 mlada luka (mladi luk), nasjeckana
225 g mesa rakova
15 ml / 1 žlica soja umaka
15 ml / 1 žlica rižinog vina ili suhog šerija
5 ml / 1 žličica soli

Kinesko lišće blanširajte u kipućoj vodi 2 minute, dobro ocijedite i isperite hladnom vodom. Zagrijte ulje i popržite mladi luk dok ne porumeni. Dodajte meso rakova i pržite 2 minute. Dodajte kinesko lišće i pirjajte 4 minute. Dodajte soja umak, vino ili sherry i sol te dobro promiješajte. Dodajte temeljac i kukuruzni škrob, pustite da zakipi i kuhajte uz miješanje 2 minute dok umak ne posvijetli i ne zgusne se.

Foo Yung rak s klicama graha

posluživatelj 4

6 tučenih jaja

45 ml / 3 žlice kukuruznog brašna (kukuruzni škrob)

225 g mesa rakova

100 g klica graha

2 mlada luka, sitno nasjeckana

2,5 ml / ½ čajna žličica soli

45 ml / 3 žlice ulja od kikirikija.

Umutite jaje, a zatim kukuruzni škrob. Pomiješajte sve ostale sastojke osim ulja. Zagrijte ulje i malo po malo ulijevajte smjesu u tavu da prekrije cca. Dobijemo male palačinke promjera 7,5 cm. Pržite donji dio dok ne porumeni, zatim ga okrenite i ispecite i drugu stranu.

račić od đumbira

poslužitelj 4

15 ml / 1 žlica ulja od kikirikija (kikiriki).

2 kriške nasjeckanog korijena đumbira

4 mlada luka, nasjeckana

3 češnja češnjaka, mljevena

1 crveni čili, sitno nasjeckan

350 g mesa rakova, u pahuljicama

2,5 ml / ¬Ω čajna žličica riblje paste

2,5 ml / ¬Ω žličica sezamovog ulja

15 ml / 1 žlica rižinog vina ili suhog šerija

5 ml / 1 žličica kukuruznog brašna (kukuruzni škrob)

15 ml / 1 žlica vode

Zagrijte ulje i pržite đumbir, mladi luk, češnjak i čili 2 minute. Dodajte meso rakova i miješajte dok se dobro ne prekrije začinima. Dodajte riblju pastu. Ostale sastojke izmiksajte u pastu, zatim ulijte u tavu i pržite 1 minutu. Poslužite odmah.

Rak Lo Mein

poslužitelj 4

100 g klica graha
30 ml / 2 žlice ulja od kikirikija.
5 ml / 1 žličica soli
1 luk, narezan na ploške
100 g narezanih gljiva
225 g mesa rakova, u pahuljicama
100 g izdanaka bambusa, narezanih na kriške
Dizana tjestenina
30 ml / 2 žlice soja umaka
5 ml / 1 žličica šećera
5 ml / 1 žličica sezamovog ulja
sol i svježe mljeveni papar

Klice graha blanširajte u kipućoj vodi 5 minuta, zatim procijedite. Zagrijte ulje i popržite sol i luk dok ne omekšaju. Dodajte gljive i pirjajte dok ne omekšaju. Dodajte meso rakova i pržite 2 minute. Dodajte klice graha i mladice bambusa i pržite 1 minutu. Dodajte ocijeđeno tijesto u tavu i lagano promiješajte. Pomiješajte sojin umak, šećer i sezamovo ulje, začinite solju i paprom. Miješajte dok se ne zagrije u tavi.

Prženi rakovi sa svinjetinom

poslužitelj 4

30 ml / 2 žlice ulja od kikirikija.
100 g mljevene svinjetine (mljeveno).
350 g mesa rakova, u pahuljicama
2 kriške nasjeckanog korijena đumbira
2 jaja, lagano tučena
15 ml / 1 žlica soja umaka
15 ml / 1 žlica rižinog vina ili suhog šerija
30 ml / 2 žlice vode
sol i svježe mljeveni papar
4 mlada luka, narezana na trakice

Zagrijte ulje i lagano popržite svinjetinu. Dodajte meso rakova i đumbir i pržite 1 minutu. Izmiksajte jaja. Dodajte soja umak, vino ili šeri, vodu, sol i papar i pržite cca. 4 minute. Poslužite ukrašeno vlascem.

Meso rakova kuhano na pari

poslužitelj 4

30 ml / 2 žlice ulja od kikirikija.
450 g mesa rakova, u pahuljicama
2 mlada luka (mladi luk), nasjeckana
2 kriške nasjeckanog korijena đumbira
30 ml / 2 žlice soja umaka
30 ml / 2 žlice rižinog vina ili suhog šerija
2,5 ml / ¬Ω čajna žličica soli
15 ml / 1 žlica kukuruznog brašna (kukuruzni škrob)
60 ml / 4 žlice vode

Zagrijte ulje i na njemu pržite meso rakova, mladi luk i đumbir 1 minutu. Dodajte sojin umak, vino ili šeri i sol, poklopite i pirjajte 3 minute. Pomiješajte kukuruzno brašno i vodu dok ne nastane pasta, promiješajte u tavi i nastavite miješati dok umak ne postane bistar i zgusnut.

Pržene polpete od lignji

poslužitelj 4

450 g lignji

50 g mljevene svinjske masti

1 bjelanjak

2,5 ml / ¬Ω žličica šećera

2,5 ml / ¬Ω žličica kukuruznog brašna (kukuruzni škrob)

sol i svježe mljeveni papar

pržimo ulje

Lignje očistiti i samljeti ili reducirati u pastu. Pomiješajte s mašću, bjelanjkom, šećerom i kukuruznim škrobom, te začinite solju i paprom. Smjesu utisnite u kuglice. Zagrijte ulje i po potrebi pecite okruglice lignji u porcijama dok ne isplivaju na ulje i porumene. Dobro ocijedite i odmah poslužite.

kantonski jastog

poslužitelj 4

2 jastoga

30 ml / 2 žlice ulja

15 ml / 1 žlica umaka od crnog graha

1 češanj češnjaka, zgnječen

1 sitno nasjeckani luk

225 g mljevene svinjetine (mljeveno).

45 ml / 3 žlice soja umaka

5 ml / 1 žličica šećera

sol i svježe mljeveni papar

15 ml / 1 žlica kukuruznog brašna (kukuruzni škrob)

75 ml / 5 žlica vode

1 razmućeno jaje

Izmrvite jastoga, izvadite meso i narežite na kocke od 1 inča. Zagrijte ulje i popržite umak od crnog graha, češnjaka i luka dok ne porumene. Dodajte svinjetinu i pržite dok ne porumeni. Dodajte soja umak, šećer, sol, papar i jastoga, poklopite i pirjajte oko 10 minuta. Kukuruzno brašno i vodu pomiješajte dok ne dobijete pastu, umiješajte u tavu i kuhajte uz miješanje dok umak ne postane bistar i zgusne se. Prije posluživanja ugasite vatru i dodajte jaje.

prženi jastog

poslužitelj 4

450 g mesa jastoga

30 ml / 2 žlice soja umaka

5 ml / 1 žličica šećera

1 razmućeno jaje

30 ml / 3 žlice brašna (sve namjene).

pržimo ulje

Meso jastoga narežite na kockice od 1 inča i začinite soja umakom i šećerom. Ostavite 15 minuta, zatim filtrirajte. Umutiti jaja i brašno pa dodati jastoga i dobro promiješati. Zagrijte ulje i pržite jastoga dok ne porumeni. Prije posluživanja ocijedite na kuhinjskom papiru.

Jastog kuhan na pari sa šunkom

poslužitelj 4

4 jaja, lagano tučena

60 ml / 4 žlice vode

5 ml / 1 žličica soli

15 ml / 1 žlica soja umaka

450 g mesa jastoga, u pahuljicama

15 ml / 1 žlica nasjeckane pršute

15 ml / 1 žlica nasjeckanog svježeg peršina

Umutiti jaja s vodom, soli i soja umakom. Izlijte u neprianjajuću posudu i pospite mesom jastoga. Zdjelu stavite na rešetku u kuhalu za kuhanje na pari, poklopite i kuhajte na pari 20 minuta dok se jaje ne stegne. Poslužite ukrašeno šunkom i peršinom.

Jastog s gljivama

poslužitelj 4

450 g mesa jastoga

15 ml / 1 žlica kukuruznog brašna (kukuruzni škrob)

60 ml / 4 žlice vode

30 ml / 2 žlice ulja od kikirikija.

4 mladog luka (kapulije) narezana na deblje ploške

100 g narezanih gljiva

2,5 ml / ¬Ω čajna žličica soli

1 češanj češnjaka, zgnječen

30 ml / 2 žlice soja umaka

15 ml / 1 žlica rižinog vina ili suhog šerija

Meso jastoga narežite na kockice veličine 2,5 cm. Pomiješajte kukuruzno brašno i vodu dok ne nastane pasta, a zatim smjesi dodajte kockice jastoga za premazivanje. Zagrijte pola ulja i lagano popržite kockice jastoga, izvadite ih iz tave. Zagrijte preostalo ulje i popržite mladi luk dok ne porumeni. Dodajte gljive i kuhajte 3 minute. Dodajte sol, češnjak, sojin umak i vino ili sherry te pirjajte 2 minute. Vratite jastoga u tavu i pržite dok se ne zagrije.

Rep jastoga sa svinjetinom

poslužitelj 4

3 sušene kineske gljive
4 repa jastoga
60 ml / 4 žlice ulja od kikirikija.
100 g mljevene svinjetine (mljeveno).
50 g vodenog kestena nasjeckanog
sol i svježe mljeveni papar
2 češnja češnjaka, mljevena
45 ml / 3 žlice soja umaka
30 ml / 2 žlice rižinog vina ili suhog šerija
30 ml / 2 žlice umaka od crnog graha
10 ml / 2 žlice kukuruznog brašna (kukuruzni škrob)
120 ml / 4 fl oz / ¬Ω šalice vode

Namočite gljive u toploj vodi 30 minuta, zatim filtrirajte. Odstranite peteljke i odrežite klobuke. Rep jastoga prepolovite po dužini. Repovima jastoga odvojite meso, a ljuske sačuvajte. Zagrijte pola ulja i pržite svinjetinu dok ne postane svijetlo smeđa. Kad ste skinuli s vatre dodajte gljive, meso jastoga, vodene kestene, sol i papar. Zatvorite meso u oklop jastoga i stavite ga na lim za pečenje. Stavite ih na rešetku u kuhalo za paru, poklopite i pirjajte oko 20 minuta dok ne omekšaju. U međuvremenu zagrijte preostalo ulje i pržite češnjak, sojin umak, vino/šeri i umak od crnog graha 2 minute. Miješajte kukuruznu krupicu i vodu dok ne dobijete tijesto, umiješajte u lonac i kuhajte uz miješanje dok se umak ne zgusne. Složite jastoga u toplu posudu, prelijte ga umakom i odmah poslužite.

prženi jastog

poslužitelj 4

450 g / 1 lb repa jastoga

30 ml / 2 žlice ulja od kikirikija.

1 češanj češnjaka, zgnječen

2,5 ml / ¬Ω čajna žličica soli

350 g klica graha

50 g šampinjona

4 mladog luka (kapulije) narezana na deblje ploške

150 ml / ¬° pt / izdašna ¬Ω šalica pileće juhe

15 ml / 1 žlica kukuruznog brašna (kukuruzni škrob)

Zakuhajte vodu u tavi, dodajte rep jastoga i kuhajte 1 minutu. Ocijedite, ohladite, skinite kožicu i narežite na deblje ploške. Zagrijte ulje s češnjakom i soli te pržite dok češnjak lagano ne porumeni. Dodajte jastoga i pržite 1 minutu. Dodajte klice graha i gljive te pirjajte 1 minutu. Dodajte mladi luk. Dodajte veći dio temeljca, zakuhajte, poklopite i kuhajte 3 minute. Kukuruzni škrob pomiješajte s preostalom juhom, ulijte u tavu i pirjajte uz miješanje dok umak ne postane bistar i zgusne se.

gnijezda jastoga

poslužitelj 4

30 ml / 2 žlice ulja od kikirikija.

5 ml / 1 žličica soli

1 glavica crvenog luka, sitno narezana

100 g narezanih gljiva

100 g mladica bambusa, narezanih na ploške 225 g kuhanog mesa jastoga

15 ml / 1 žlica rižinog vina ili suhog šerija

120 ml / 4 fl oz / ¬Ω šalice pilećeg temeljca

prstohvat svježe mljevenog papra

10 ml / 2 žličice kukuruznog brašna (kukuruzni škrob)

15 ml / 1 žlica vode

4 košarice tjestenine

Zagrijte ulje i popržite sol i luk dok ne omekšaju. Dodajte gljive i mladice bambusa i pirjajte 2 minute. Dodajte meso jastoga, vino ili sherry i temeljac, zakuhajte, poklopite i kuhajte 2 minute. Začinite paprom. Pomiješajte kukuruzno brašno i vodu dok ne dobijete pastu, umiješajte u tavu i pirjajte uz miješanje dok se umak ne zgusne. Gnijezdo od tjestenine složite na topli tanjur i ukrasite pečenim jastogom.

Dagnje u umaku od crnog graha

poslužitelj 4

45 ml / 3 žlice ulja od kikirikija.
2 češnja češnjaka, mljevena
2 kriške nasjeckanog korijena đumbira
30 ml / 2 žlice umaka od crnog graha
15 ml / 1 žlica soja umaka
1,5 kg dagnji, opranih i izvađenih
2 mlada luka (mladi luk), nasjeckana

Zagrijte ulje i pržite češnjak i đumbir 30 sekundi. Dodajte umak od crnog graha i soja umak i pržite 10 sekundi. Dodajte dagnje, poklopite i kuhajte cca. 6 minuta dok se školjke ne otvore. Odbacite one koji su ostali zatvoreni. Stavite na topli tanjur i poslužite posuto vlascem.

Dagnje s đumbirom

poslužitelj 4

45 ml / 3 žlice ulja od kikirikija.
2 češnja češnjaka, mljevena
4 kriške nasjeckanog korijena đumbira
1,5 kg dagnji, opranih i izvađenih
45 ml / 3 žlice vode
15 ml / 1 žlica umaka od kamenica

Zagrijte ulje i pržite češnjak i đumbir 30 sekundi. Dodajte dagnje i vodu, poklopite i kuhajte cca. 6 minuta dok se školjke ne otvore. Odbacite one koji su ostali zatvoreni. Stavite na topli tanjur i poslužite preliveno umakom od kamenica.

Školjke kuhane na pari

poslužitelj 4

1,5 kg dagnji, opranih i izvađenih
45 ml / 3 žlice soja umaka
3 mlada luka sitno nasjeckana

Stavite školjke na rešetku u posudu za kuhanje na pari, poklopite i kuhajte ih u kipućoj vodi oko 10 minuta dok se sve školjke ne otvore. Odbacite one koji su ostali zatvoreni. Stavite na topli tanjur i pospite soja umakom i mladim lukom te poslužite.

pržene kamenice

poslužitelj 4

24 kamenice bez ljuske
sol i svježe mljeveni papar
1 razmućeno jaje
50 g / 2 oz / ¬Ω šalica višenamjenskog brašna.
250 ml / 8 tečnih oz / 1 šalica vode
pržimo ulje
4 mlada luka, nasjeckana

Kamenice pospite solju i paprom. Jaje zapjeniti s brašnom i vodom i time premazati kamenice. Zagrijte ulje i pržite kamenice dok ne porumene. Ocijedite na kuhinjskom papiru i poslužite ukrašeno mladim lukom.

Kamenice sa slaninom

poslužitelj 4

175 g slanine
24 kamenice bez ljuske

1 jaje, lagano tučeno
15 ml / 1 žlica vode
45 ml / 3 žlice ulja od kikirikija.
2 glavice luka nasjeckane
15 ml / 1 žlica kukuruznog brašna (kukuruzni škrob)
15 ml / 1 žlica soja umaka
90 ml / 6 žlica pileće juhe

Slaninu narežite na komade i omotajte komad oko svake kamenice. Umutite jaje s vodom, a zatim umočite u kamenice da se premazuju. Zagrijte pola ulja i ispecite kamenice dok ne porumene s obje strane pa ih izvadite iz tave i ocijedite od masnoće. Zagrijte preostalo ulje i popržite luk dok ne omekša. Pomiješajte kukuruzni škrob, sojin umak i juhu u pastu, ulijte u lonac i kuhajte uz miješanje dok umak ne postane bistar i zgusne se. Prelijte preko kamenica i odmah poslužite.

Pržene kamenice s đumbirom

poslužitelj 4

24 kamenice bez ljuske
2 kriške nasjeckanog korijena đumbira
30 ml / 2 žlice soja umaka

15 ml / 1 žlica rižinog vina ili suhog šerija
4 mlada luka, narezana na trakice
100 g slanine
1 jaje
50 g / 2 oz / ¬Ω šalica višenamjenskog brašna.
sol i svježe mljeveni papar
pržimo ulje
1 limun narezan na kriške

Stavite kamenice u zdjelu s đumbirom, soja umakom i vinom ili šerijem i dobro promiješajte. Ostavite 30 minuta. Stavite nekoliko trakica mladog luka na vrh svake kamenice. Slaninu narežite na komade i omotajte komad oko svake kamenice. Pjenasto umutiti jaja i brašno, začiniti solju i paprom. Umočite kamenice u tijesto dok se dobro ne prekriju. Zagrijte ulje i pržite kamenice dok ne porumene. Poslužite ukrašeno kriškama limuna.

Kamenice s umakom od crnog graha

poslužitelj 4
350 g kamenica bez ljuske
120 ml / 4 fl oz / ¬Ω šalice ulja od kikirikija.
2 češnja češnjaka, mljevena
3 mlada luka, narezana na ploške
15 ml / 1 žlica umaka od crnog graha

30 ml / 2 žlice tamnog soja umaka
15 ml / 1 žlica sezamovog ulja
prstohvat čilija u prahu

Kamenice blanširajte u kipućoj vodi 30 sekundi, zatim ocijedite. Zagrijte ulje i pržite češnjak i mladi luk 30 sekundi. Dodajte umak od crnog graha, soja umak, sezamovo ulje i kamenice te začinite čilijem u prahu. Skuhajte vruće i odmah poslužite.

Jakobove kapice s mladicama bambusa

poslužitelj 4

60 ml / 4 žlice ulja od kikirikija.
6 mladog luka (mladi luk), nasjeckanog
225 g šampinjona narezanih na četvrtine
15 ml / 1 žlica šećera
450 g oguljenih jakobovih kapica
2 kriške nasjeckanog korijena đumbira
225 g izdanaka bambusa, narezanih

sol i svježe mljeveni papar
300 ml / ¬Ω pt / 1 ¬° šalice vode
30 ml / 2 žlice vinskog octa
30 ml / 2 žlice kukuruznog brašna (kukuruzni škrob)
150 ml / ¬° pt / velika ¬Ω šalica vode
45 ml / 3 žlice soja umaka

Zagrijte ulje i pržite mladi luk i gljive 2 minute. Dodajte šećer, školjke, đumbir, mladice bambusa, sol i papar, poklopite i kuhajte 5 minuta. Dodajte vodu i vinski ocat, zakuhajte, poklopite i kuhajte 5 minuta. Pomiješajte kukuruzno brašno i vodu dok ne dobijete pastu, umiješajte u tavu i pirjajte uz miješanje dok se umak ne zgusne. Prelijte soja umakom i poslužite.

Jakobove kapice s jajima

poslužitelj 4

45 ml / 3 žlice ulja od kikirikija.
350 g oguljenih jakobovih kapica
25 g nasjeckane pršute
30 ml / 2 žlice rižinog vina ili suhog šerija
5 ml / 1 žličica šećera
2,5 ml / ¬Ω čajna žličica soli
prstohvat svježe mljevenog papra

2 jaja, lagano tučena
15 ml / 1 žlica soja umaka

Zagrijte ulje i pržite dagnje 30 sekundi. Dodajte šunku i pržite 1 minutu. Dodajte vino ili šeri, šećer, sol i papar i pirjajte 1 minutu. Dodajte jaja i lagano miješajte na jakoj vatri dok sastojci ne budu dobro obloženi jajetom. Poslužite poškropljeno soja umakom.

Jakobove kapice s brokulom

poslužitelj 4

350 g narezanih dagnji
3 kriške nasjeckanog korijena đumbira
¬Ω mala mrkva, narezana na ploške
1 češanj češnjaka, zgnječen
45 ml / 3 žlice brašna (sve namjene).
2,5 ml / ¬Ω žličica sode bikarbone (prašak za pecivo)
30 ml / 2 žlice ulja od kikirikija.
15 ml / 1 žlica vode
1 banana, narezana na ploške

pržimo ulje

275 g brokule

Sol

5 ml / 1 žličica sezamovog ulja

2,5 ml / ¬Ω žličica ljutog umaka

2,5 ml / ¬Ω čajna žličica vinskog octa

2,5 ml / ¬Ω žličica paste od rajčice √ © e (pasta)

Dagnje pomiješajte s đumbirom, mrkvom i češnjakom i ostavite da odstoje. Brašno, prašak za pecivo, 15 ml/1 žlica ulja i vodu pomiješajte u tijesto i premažite ploške banane. Zagrijte ulje i pržite trputac dok ne porumeni, zatim ga ocijedite i stavite na vruću tavu. U međuvremenu skuhajte brokulu u slanoj vodi dok ne omekša pa je ocijedite. Zagrijte preostalo ulje sa sezamovim uljem i kratko popržite brokulu pa je posložite oko tanjura s bantanama. Dodajte chilli umak, vinski ocat i pastu od rajčice u tavu i pustite da se jakobove kapice krčkaju dok se ne skuhaju. Izlijte na tanjur i odmah poslužite.

Jakobove kapice s đumbirom

poslužitelj 4

45 ml / 3 žlice ulja od kikirikija.
2,5 ml / ¬Ω čajna žličica soli
3 kriške nasjeckanog korijena đumbira
2 mlada luka narezana na deblje
450 g jakobovih kapica s ljuskom, prerezanih na pola
15 ml / 1 žlica kukuruznog brašna (kukuruzni škrob)
60 ml / 4 žlice vode

Zagrijte ulje i pržite sol i đumbir 30 sekundi. Dodajte vlasac i pržite dok ne porumeni. Dodajte jakobove kapice i kuhajte 3 minute. Pomiješajte kukuruzno brašno i vodu u pastu, dodajte u tavu i kuhajte dok se ne zgusne uz miješanje na laganoj vatri. Poslužite odmah.

dagnje sa šunkom

poslužitelj 4

450 g jakobovih kapica s ljuskom, prerezanih na pola
250 ml / 8 tečnih oz / 1 šalica rižinog vina ili suhog šerija
1 glavica luka sitno nasjeckana
2 kriške nasjeckanog korijena đumbira
2,5 ml / ¬Ω čajna žličica soli
100 g nasjeckane pršute

Stavite jakobove kapice u zdjelu i dodajte vino ili šeri. Pokrijte i marinirajte 30 minuta, povremeno okrećući, zatim ocijedite jakobove kapice i bacite marinadu. Jakobove kapice s ostalim sastojcima stavite u vatrostalnu posudu. Posudu stavite na rešetku za paru, poklopite i kuhajte na pari u vrućoj vodi oko 6 minuta dok jakobove kapice ne omekšaju.

Kajgana s jakobovim kapicama i začinskim biljem

poslužitelj 4

225 g oguljenih jakobovih kapica
30 ml / 2 žlice nasjeckanog svježeg korijandera
4 razmućena jaja
15 ml / 1 žlica rižinog vina ili suhog šerija
sol i svježe mljeveni papar
15 ml / 1 žlica ulja od kikirikija (kikiriki).

Jakobove kapice stavite u posudu za kuhanje na pari i kuhajte ih na pari oko 3 minute dok se ne skuhaju, ovisno o veličini. Maknite s kuhala na pari i pospite korijanderom. Umutite jaja zajedno s vinom ili šerijem i začinite solju i paprom. Dodajte školjke i korijander. Zagrijte ulje i pržite umućenu smjesu uz stalno miješanje dok se jaje ne stegne. Poslužite odmah.

Pečene dagnje i luk

poslužitelj 4

45 ml / 3 žlice ulja od kikirikija.

1 luk, narezan na ploške

450 g jakobovih kapica u ljusci narezanih na četvrtine

sol i svježe mljeveni papar

15 ml / 1 žlica rižinog vina ili suhog šerija

Zagrijte ulje i pržite luk dok ne omekša. Dodajte jakobove kapice i pržite dok ne porumene. Začinite solju i paprom, deglazirajte vinom ili šerijem i odmah poslužite.

Jakobove kapice s povrćem

4.Äi6 porcija

4 sušene kineske gljive
2 luka
30 ml / 2 žlice ulja od kikirikija.
3 stabljike celera, dijagonalno izrezane
225 g zelenih mahuna izrezanih ukoso
10 ml / 2 žličice naribanog korijena đumbira
1 češanj češnjaka, zgnječen
20 ml / 4 žličice kukuruznog brašna (kukuruzni škrob)
250 ml / 8 tečnih oz / 1 šalica pilećeg temeljca
30 ml / 2 žlice rižinog vina ili suhog šerija
30 ml / 2 žlice soja umaka
450 g jakobovih kapica u ljusci narezanih na četvrtine
6 mladog luka, narezanog na ploške
425 g / 15 oz konzerviranog kukuruza u klipu

Namočite gljive u toploj vodi 30 minuta, zatim filtrirajte. Odstranite peteljke i odrežite vrhove. Luk narežite na kolutove, slojeve odvojite. Zagrijte ulje i pržite luk, celer, grah, đumbir i češnjak 3 minute. Kukuruzni škrob pomiješajte s malo temeljca te dodajte preostali temeljac, vino ili šeri i sojin umak. Dodajte u wok i pustite da zavrije uz miješanje. Dodajte gljive, jakobove kapice, mladi luk i kukuruz te pirjajte oko 5 minuta dok jakobove kapice ne omekšaju.

Jakobove kapice s paprikom

poslužitelj 4

30 ml / 2 žlice ulja od kikirikija.

3 mlada luka, nasjeckana

1 češanj češnjaka, zgnječen

2 kriške nasjeckanog korijena đumbira

2 crvene paprike narezane na kockice

450 g oguljenih jakobovih kapica

30 ml / 2 žlice rižinog vina ili suhog šerija

15 ml / 1 žlica soja umaka

15 ml / 1 žlica umaka od žutog graha

5 ml / 1 žličica šećera

5 ml / 1 žličica sezamovog ulja

Zagrijte ulje i pržite mladi luk, češnjak i đumbir 30 sekundi. Dodajte papriku i kuhajte 1 minutu. Dodajte jakobove kapice i pirjajte ih 30 sekundi, zatim dodajte ostale sastojke i kuhajte oko 3 minute, dok jakobove kapice ne omekšaju.

Hobotnica s klicama graha

poslužitelj 4

450 g lignji

30 ml / 2 žlice ulja od kikirikija.

15 ml / 1 žlica rižinog vina ili suhog šerija

100 g klica graha

15 ml / 1 žlica soja umaka

Sol

1 crveni čili, sitno nasjeckan

2 kriške nasjeckanog korijena đumbira

2 mlada luka (mladi luk), nasjeckana

Lignjama izvadite glavu, utrobu i opnu te ih narežite na veće komade. Izrežite uzorak preko svakog dijela. U šerpi zakuhajte vodu, dodajte lignje i kuhajte na laganoj vatri dok se komadići ne sklupčaju, zatim procijedite i ocijedite. Zagrijte pola ulja i brzo popržite lignje. Deglazirajte vinom ili šerijem. U međuvremenu zagrijte preostalo ulje i kuhajte na pari klice graha dok ne omekšaju. Začinite soja umakom i soli. Oko tanjura rasporedite čili, đumbir i mladi luk. U sredinu stavite klice graha, a na vrh lignje. Poslužite odmah.

pržene lignje

poslužitelj 4

50 g glatkog brašna (sve namjene).

25 g / 1 oz / ¬ šalice kukuruznog brašna (kukuruzni škrob)

2,5 ml / ¬Ω žličica praška za pecivo

2,5 ml / ¬Ω čajna žličica soli

1 jaje

75 ml / 5 žlica vode

15 ml / 1 žlica ulja od kikirikija (kikiriki).

450 g lignji narezanih na kolutove

pržimo ulje

Zamijesite brašno, kukuruzni škrob, prašak za pecivo, sol, jaje, vodu i ulje u tijesto. Umočite lignje u tijesto dok ne budu dobro pokrivene. Zagrijte ulje i malo po malo pržite lignje dok ne porumene. Prije posluživanja ocijedite na kuhinjskom papiru.

Paketi s hobotnicama

poslužitelj 4

8 suhih kineskih gljiva
450 g lignji
100 g dimljene šunke
100 g tofua
1 razmućeno jaje
15 ml / 1 žlica brašna (sve namjene).
2,5 ml / ¬Ω žličica šećera
2,5 ml / ¬Ω žličica sezamovog ulja
sol i svježe mljeveni papar
8 wonton skinova
pržimo ulje

Namočite gljive u toploj vodi 30 minuta, zatim filtrirajte. Bacite peteljke. Lignje očistite i narežite na 8 dijelova. Šunku i tofu narežite na 8 komada. Stavite ih sve u zdjelu. Jaja pomiješajte s brašnom, šećerom, sezamovim uljem, soli i paprom. Ulijte sastojke u posudu i lagano promiješajte. Stavite gljivu i komad lignje, šunku i tofu izravno ispod središta svake školjke wontona. Savijte donji kut unazad, savijte u stranu, zatim smotajte, navlažite rubove vodom da se zatvore. Zagrijte ulje i pecite polpete oko 8 minuta dok ne porumene. Dobro ocijedite prije posluživanja.

Pržene rolice od lignji

poslužitelj 4

45 ml / 3 žlice ulja od kikirikija.
225 g kolutova hobotnice

1 velika zelena paprika narezana na kockice
100 g izdanaka bambusa, narezanih na kriške
2 mlada luka, sitno nasjeckana
1 kriška korijena đumbira, sitno nasjeckanog
45 ml / 2 žlice soja umaka
30 ml / 2 žlice rižinog vina ili suhog šerija
15 ml / 1 žlica kukuruznog brašna (kukuruzni škrob)
15 ml / 1 žlica ribljeg temeljca ili vode
5 ml / 1 žličica šećera
5 ml / 1 žličica vinskog octa
5 ml / 1 žličica sezamovog ulja
sol i svježe mljeveni papar

Zagrijte 15 ml / 1 žlicu ulja i na brzinu dobro popržite lignje. Za to vrijeme u posebnoj tavi zagrijte preostalo ulje i na njemu 2 minute pržite paprike, mladice bambusa, mladi luk i đumbir. Dodajte lignje i pirjajte 1 minutu. Pomiješajte sojin umak, vino ili šeri, kukuruzni škrob, juhu, šećer, vinski ocat i sezamovo ulje te začinite solju i paprom. Pirjajte dok umak ne postane bistar i zgusnut.

pržene lignje

poslužitelj 4

45 ml / 3 žlice ulja od kikirikija.
3 mlada luka narezana na deblje
2 kriške nasjeckanog korijena đumbira
450 g lignji narezati na komade
15 ml / 1 žlica soja umaka
15 ml / 1 žlica rižinog vina ili suhog šerija
5 ml / 1 žličica kukuruznog brašna (kukuruzni škrob)
15 ml / 1 žlica vode

Zagrijte ulje i popržite mladi luk i đumbir dok ne omekšaju. Dodati lignje i pržiti dok ne budu prekrivene uljem. Dodajte sojin umak i vino ili šeri, poklopite i pirjajte 2 minute. Kukuruzno brašno i vodu pomiješajte dok ne dobijete pastu, dodajte u tavu i kuhajte na laganoj vatri uz miješanje dok se umak ne zgusne, a lignje omekšaju.

Hobotnica sa suhim gljivama

poslužitelj 4

50 g suhih kineskih gljiva
450 g / 1 lb kolutića lignji
45 ml / 3 žlice ulja od kikirikija.

45 ml / 3 žlice soja umaka

2 mlada luka, sitno nasjeckana

1 kriška korijena đumbira, nasjeckana

225 g mladica bambusa, narezanih na trakice

30 ml / 2 žlice kukuruznog brašna (kukuruzni škrob)

150 ml / ¬° pt / dobra ¬Ω šalica riblje juhe

Namočite gljive u toploj vodi 30 minuta, zatim filtrirajte. Odstranite peteljke i odrežite vrhove. Lignje blanširajte nekoliko sekundi u kipućoj vodi. Zagrijte ulje pa dodajte gljive, sojin umak, mladi luk i đumbir te pržite 2 minute. Dodajte lignje i izdanke bambusa i pirjajte 2 minute. Pomiješajte kukuruzni škrob i temeljac i umiješajte u tavu. Kuhajte na laganoj vatri uz miješanje dok umak ne postane bistar i ne zgusne se.

Hobotnica s povrćem

poslužitelj 4

45 ml / 3 žlice ulja od kikirikija.

1 luk, narezan na ploške

5 ml / 1 žličica soli

450 g lignji narezati na komade

100 g izdanaka bambusa, narezanih na kriške

2 stabljike celera, dijagonalno izrezane

60 ml / 4 žlice pileće juhe

5 ml / 1 žličica šećera

100 g graška (grašak)

5 ml / 1 žličica kukuruznog brašna (kukuruzni škrob)

15 ml / 1 žlica vode

Zagrijte ulje i popržite luk i sol dok ne porumene. Dodati lignje i pržiti dok ne budu prekrivene uljem. Dodajte mladice bambusa i celer i pirjajte 3 minute. Dodajte temeljac i šećer, zakuhajte, poklopite i kuhajte 3 minute dok povrće ne omekša. Dodajte ljuti umak. Pomiješajte kukuruzno brašno i vodu dok ne dobijete pastu, umiješajte u tavu i pirjajte uz miješanje dok se umak ne zgusne.

Goveđi gulaš s anisom

poslužitelj 4

30 ml / 2 žlice ulja od kikirikija.

450g/1lb goveđeg odreska

1 češanj češnjaka, zgnječen

45 ml / 3 žlice soja umaka

15 ml / 1 žlica vode

15 ml / 1 žlica rižinog vina ili suhog šerija

5 ml / 1 žličica soli
5 ml / 1 žličica šećera
2 češnja zvjezdastog anisa

Zagrijte ulje i pržite meso dok ne porumeni sa svih strana. Dodajte ostale sastojke, prokuhajte, poklopite i pirjajte oko 45 minuta, zatim meso okrenite i dodajte još malo vode i sojinog umaka ako je meso suho. Kuhajte još 45 minuta dok meso ne omekša. Bacite zvjezdasti anis prije posluživanja.

Teletina sa šparogama

poslužitelj 4

450 g kockica telećih repnih kostiju
30 ml / 2 žlice soja umaka
30 ml / 2 žlice rižinog vina ili suhog šerija
45 ml / 3 žlice kukuruznog brašna (kukuruzni škrob)
45 ml / 3 žlice ulja od kikirikija.
5 ml / 1 žličica soli
1 češanj češnjaka, zgnječen

350 g vrhova šparoga
120 ml / 4 fl oz / ¬Ω šalice pilećeg temeljca
15 ml / 1 žlica soja umaka

Odrezak stavite u zdjelu. Pomiješajte sojin umak, vino ili sherry i 30 ml / 2 žlice kukuruznog škroba, prelijte preko odreska i dobro promiješajte. Ostavite da se marinira 30 minuta. Zagrijte ulje sa soli i češnjakom i pržite dok češnjak lagano ne porumeni. Dodajte meso i marinadu i pirjajte 4 minute. Dodajte šparoge i pržite u tavi 2 minute. Dodajte temeljac i sojin umak, zakuhajte i kuhajte uz miješanje 3 minute dok meso ne omekša. Preostali kukuruzni škrob pomiješajte s malo vode ili temeljca i dodajte u umak. Pirjajte nekoliko minuta uz miješanje dok umak ne posvijetli i ne zgusne se.

Govedina s mladicama bambusa

poslužitelj 4
45 ml / 3 žlice ulja od kikirikija.
1 češanj češnjaka, zgnječen
1 mladi luk (kapula), sitno nasjeckan
1 kriška korijena đumbira, nasjeckana
225 g nemasne junetine narezane na trakice
100 g izdanaka bambusa
45 ml / 3 žlice soja umaka

15 ml / 1 žlica rižinog vina ili suhog šerija
5 ml / 1 žličica kukuruznog brašna (kukuruzni škrob)

Zagrijte ulje i popržite češnjak, mladi luk i đumbir dok ne porumene. Dodajte meso i kuhajte 4 minute dok ne porumeni. Dodajte mladice bambusa i pržite 3 minute. Dodajte sojin umak, vino ili šeri i kukuruzni škrob i kuhajte 4 minute.

Govedina s mladicama bambusa i gljivama

poslužitelj 4

225 g nemasne junetine
45 ml / 3 žlice ulja od kikirikija.
1 kriška korijena đumbira, nasjeckana
100 g izdanaka bambusa, narezanih na kriške
100 g narezanih gljiva
45 ml / 3 žlice rižinog vina ili suhog šerija
5 ml / 1 žličica šećera
10 ml / 2 žličice soja umaka
sol papar

120 ml / 4 fl oz / ¬Ω šalice goveđeg temeljca

15 ml / 1 žlica kukuruznog brašna (kukuruzni škrob)

30 ml / 2 žlice vode

Meso narežite na tanke ploške u odnosu na zrno. Zagrijte ulje i pržite đumbir nekoliko sekundi. Dodajte meso i pržite dok ne porumeni. Dodajte mladice bambusa i gljive i pirjajte 1 minutu. Dodajte vino ili šeri, šećer i sojin umak, te začinite solju i paprom. Dodajte temeljac, zakuhajte, poklopite i kuhajte 3 minute. Pomiješajte kukuruzni škrob i vodu, ulijte u lonac i kuhajte uz miješanje dok se umak ne zgusne.

Kineska pirjana govedina

poslužitelj 4

45 ml / 3 žlice ulja od kikirikija.

900 g goveđeg odreska

1 mladi luk (mali luk), narezan na ploške

1 režanj češnjaka, samljeven

1 kriška korijena đumbira, nasjeckana

60 ml / 4 žlice soja umaka

30 ml / 2 žlice rižinog vina ili suhog šerija

5 ml / 1 žličica šećera

5 ml / 1 žličica soli

prstohvat papra

750 ml / 1° pts / 3 šalice kipuće vode

Zagrijte ulje i brzo popržite meso sa svih strana. Dodajte mladi luk, češnjak, đumbir, sojin umak, vino ili šeri, šećer, sol i papar. Uz miješanje pustite da zavrije. Dodati kipuću vodu, miješajući ponovno zakuhati, poklopiti i ostaviti da kuha cca. 2 sata dok meso ne omekša.

Govedina s klicama graha

poslužitelj 4

450 g nemasne govedine, narezane na ploške
1 bjelanjak
30 ml / 2 žlice ulja od kikirikija.
15 ml / 1 žlica kukuruznog brašna (kukuruzni škrob)
15 ml / 1 žlica soja umaka
100 g klica graha
25g/1oz kiselog kupusa, nasjeckanog
1 crveni čili, sitno nasjeckan
2 mlada luka (mladi luk), nasjeckana
2 kriške nasjeckanog korijena đumbira
Sol

5 ml / 1 žličica umaka od kamenica

5 ml / 1 žličica sezamovog ulja

Meso pomiješajte s bjelanjkom, pola ulja, kukuruznim škrobom i sojinim umakom pa ostavite da odstoji 30 minuta. Klice graha blanširajte u kipućoj vodi oko 8 minuta dok gotovo ne omekšaju, a zatim ih ocijedite. Zagrijte preostalo ulje i lagano popržite meso pa izvadite iz tave. Dodajte kupus, čili, đumbir, sol, umak od kamenica i sezamovo ulje te pirjajte 2 minute. Dodajte klice graha i pirjajte 2 minute. Vratite meso u tavu i dobro ga promiješajte i zagrijte. Poslužite odmah.

Govedina s brokulom

poslužitelj 4

1 lb/450 g goveđe repne kosti, tanko narezane

30 ml / 2 žlice kukuruznog brašna (kukuruzni škrob)

15 ml / 1 žlica rižinog vina ili suhog šerija

15 ml / 1 žlica soja umaka

30 ml / 2 žlice ulja od kikirikija.

5 ml / 1 žličica soli
1 češanj češnjaka, zgnječen
225 g / 8 oz cvjetova brokule
150 ml / ¬° pt / izdašna ¬Ω šalica goveđeg temeljca

Odrezak stavite u zdjelu. Pomiješajte 15 ml / 1 žličicu kukuruznog škroba s vinom ili šerijem i sojinim umakom, dodajte meso i marinirajte 30 minuta. Zagrijte ulje sa soli i češnjakom i pržite dok češnjak lagano ne porumeni. Dodati odrezak i marinadu te pirjati 4 minute. Dodajte brokulu i kuhajte 3 minute. Dodajte temeljac, zakuhajte, poklopite i kuhajte 5 minuta dok brokula ne postane mekana, ali još uvijek hrskava. Preostali kukuruzni škrob pomiješajte s malo vode i dodajte u umak. Kuhajte na laganoj vatri uz miješanje dok umak ne postane bistar i ne zgusne se.

Govedina sa sezamom i brokulom

poslužitelj 4

150 g nemasne govedine, tanko narezane

2,5 ml / ½ žličice umaka od kamenica
5 ml / 1 žličica kukuruznog brašna (kukuruzni škrob)
5 ml / 1 žličica bijelog vinskog octa
60 ml / 4 žlice ulja od kikirikija.
100 g cvjetova brokule
5 ml / 1 žličica ribljeg umaka
2,5 ml / ½ žličica soja umaka
250 ml / 8 tečnih oz / 1 šalica goveđeg temeljca
30 ml / 2 žlice sjemenki sezama

Marinirajte meso s umakom od kamenica, 2,5 ml / ½ žličice kukuruznog škroba, 2,5 ml / ½ žličice vinskog octa i 15 ml / 1 žličice ulja 1 sat.

U međuvremenu zagrijte 15 ml / 1 žlica ulja, dodajte brokulu, 2,5 ml / ½ žličice ribljeg umaka, sojin umak i preostali vinski ocat te prelijte lagano kipućom vodom. Kuhajte na laganoj vatri oko 10 minuta dok ne omekša.

U zasebnoj tavi zagrijte 30 ml / 2 žlice ulja i kratko popržite meso dok ne porumeni. Dodajte temeljac, preostali kukuruzni škrob i riblji umak, zakuhajte, poklopite i pirjajte oko 10 minuta dok meso ne omekša. Brokulu ocijedite i stavite na topli tanjur. Odozgo premažite mesom i obilato pospite sezamom.

Meso s roštilja

poslužitelj 4

450 g nemasnog odreska, narezanog na ploške
60 ml / 4 žlice soja umaka
2 češnja češnjaka, mljevena
5 ml / 1 žličica soli
2,5 ml / ¬Ω žličice svježe mljevenog papra
10 ml / 2 žličice šećera

Pomiješajte sve sastojke i ostavite da odstoji 3 sata. Na vrućem roštilju cca.

Kantonsko meso

poslužitelj 4

30 ml / 2 žlice kukuruznog brašna (kukuruzni škrob)
Istucite 2 bjelanjka u čvrsti snijeg
450 g odreska narezanog na trakice
pržimo ulje
4 štapića celera, narezanog na ploške
2 luka, narezana na ploške
60 ml / 4 žlice vode
20 ml / 4 žličice soli
75 ml / 5 žlica soja umaka
60 ml / 4 žlice rižinog vina ili suhog šerija
30 ml / 2 žlice šećera
svježe mljeveni papar

Polovicu kukuruznog škroba pomiješajte s bjelanjkom. Dodati odrezak i okrenuti da se meso obloži smjesom. Zagrijte ulje i pržite biftek dok ne porumeni. Izvaditi iz posude i ocijediti na kuhinjskom papiru. Zagrijte 15 ml / 1 žlicu ulja i pržite celer i luk

3 minute. Dodajte meso, vodu, sol, soja umak, vino ili šeri i šećer, te začinite paprom. Pustite da zavrije i uz miješanje kuhajte dok se umak ne zgusne.

Govedina s mrkvom

poslužitelj 4

30 ml / 2 žlice ulja od kikirikija.
450 g nemasne junetine narezane na kocke
2 mlada luka, narezana na ploške
2 češnja češnjaka, mljevena
1 kriška korijena đumbira, nasjeckana
250 ml / 8 tečnih oz / 1 šalica soja umaka
30 ml / 2 žlice rižinog vina ili suhog šerija
30 ml / 2 žlice smeđeg šećera
5 ml / 1 žličica soli
600 ml / 1 pt / 2 ¬Ω šalice vode
4 mrkve, dijagonalno izrezane

Zagrijte ulje i pržite meso dok ne porumeni. Ocijedite višak ulja, dodajte mladi luk, češnjak, đumbir i anis te pirjajte 2 minute. Dodajte soja umak, vino ili šeri, šećer i sol i dobro promiješajte. Dodajte vodu, zakuhajte, poklopite i kuhajte 1 sat. Dodajte mrkvu, poklopite i kuhajte još 30 minuta. Maknite poklopac i pirjajte dok umak ne nestane.

Govedina s indijskim oraščićima

poslužitelj 4

60 ml / 4 žlice ulja od kikirikija.
1 lb/450 g goveđe repne kosti, tanko narezane
8 mladog luka, narezanog na kockice
2 češnja češnjaka, mljevena
1 kriška korijena đumbira, nasjeckana
75 g / 3 oz / ¬œ šalice pečenih indijskih oraščića
120 ml / 4 fl oz / ¬Ω šalice vode
20 ml / 4 žličice kukuruznog brašna (kukuruzni škrob)
20 ml / 4 žličice soja umaka
5 ml / 1 žličica sezamovog ulja
5 ml / 1 žličica umaka od kamenica
5 ml / 1 žličica ljutog umaka

Zagrijte pola ulja i pržite meso dok ne porumeni. Izvadite iz posude. Zagrijte preostalo ulje i na njemu pržite mladi luk, češnjak, đumbir i indijske oraščiće 1 minutu. Vratiti meso u tavu. Pomiješajte ostale sastojke i smjesu izlijte u tepsiju. Zakuhajte i uz miješanje kuhajte dok se smjesa ne zgusne.

Govedina za sporo kuhanje

poslužitelj 4

30 ml / 2 žlice ulja od kikirikija.

450 g goveđeg gulaša izrezanog na kocke

3 kriške nasjeckanog korijena đumbira

3 mrkve, narezane na ploške

1 repa, narezana na kockice

15 ml / 1 žlica crnih datulja bez koštica

15 ml / 1 žlica lotosovih sjemenki

30 ml / 2 žlice pirea od rajčice (pasta)

10 ml / 2 žlice soli

900 ml / 1¬Ω pt / 3¬œ šalice goveđe juhe

250 ml / 8 tečnih oz / 1 šalica rižinog vina ili suhog šerija

U velikoj tavi ili tavi od pećnice zagrijte ulje i pržite meso dok ne porumeni sa svih strana.

Govedina s cvjetačom

poslužitelj 4

225 g cvjetova cvjetače

pržimo ulje

225 g junetine narezane na trakice

50 g izdanaka bambusa narezanih na trakice

10 vodenih kestena narezanih na trakice

120 ml / 4 fl oz / ¬Ω šalice pilećeg temeljca

15 ml / 1 žlica soja umaka

15 ml / 1 žlica umaka od kamenica

15 ml / 1 žlica paste od rajčice (pasta)

15 ml / 1 žlica kukuruznog brašna (kukuruzni škrob)

2,5 ml / ¬Ω žličica sezamovog ulja

Cvjetaču blanširajte u kipućoj vodi 2 minute, zatim ocijedite. Zagrijte ulje i pržite cvjetaču dok ne porumeni. Ocijediti na kuhinjski papir i ocijediti. Zagrijte ulje i pržite meso dok lagano ne porumeni, zatim procijedite i ocijedite. Ulijte sve osim 15 ml/1 žlice ulja i pirjajte izdanke bambusa i vodene kestene 2 minute. Dodajte ostale sastojke, zakuhajte i uz miješanje kuhajte dok se umak ne zgusne. Meso i cvjetaču vratite u tavu i lagano zagrijte. Poslužite odmah.

Teletina sa celerom

poslužitelj 4

100 g celera narezanog na trakice

45 ml / 3 žlice ulja od kikirikija.

2 mlada luka (mladi luk), nasjeckana
1 kriška korijena đumbira, nasjeckana
225 g nemasne junetine narezane na trakice
30 ml / 2 žlice soja umaka
30 ml / 2 žlice rižinog vina ili suhog šerija
2,5 ml / ¬Ω žličica šećera
2,5 ml / ¬Ω čajna žličica soli

Celer blanširajte u kipućoj vodi 1 minutu, zatim dobro ocijedite. Zagrijte ulje i popržite mladi luk i đumbir. Dodajte meso i pržite ga 4 minute. Dodajte celer i pirjajte 2 minute. Dodajte soja umak, vino ili šeri, šećer i sol i pirjajte 3 minute.

Pečene ploške govedine s celerom

poslužitelj 4

30 ml / 2 žlice ulja od kikirikija.
450 g nemasne junetine narezane na listiće
3 stabljike celera, nasjeckane
1 sitno nasjeckani luk

1 mladi luk (mali luk), narezan na ploške
1 kriška korijena đumbira, nasjeckana
30 ml / 2 žlice soja umaka
15 ml / 1 žlica rižinog vina ili suhog šerija
2,5 ml / ¬Ω žličica šećera
2,5 ml / ¬Ω čajna žličica soli
10 ml / 2 žličice kukuruznog brašna (kukuruzni škrob)
30 ml / 2 žlice vode

Zagrijte pola ulja jako vruće i pržite meso 1 minutu dok ne porumeni. Izvadite iz posude. Zagrijte preostalo ulje i lagano popirjajte celer, luk, mladi luk i đumbir. Vratite meso u tavu sa sojinim umakom, vinom ili šerijem, šećerom i soli, zakuhajte i pustite da se zagrije. Pomiješajte kukuruzni škrob i vodu, promiješajte u tavi i kuhajte dok se umak ne zgusne. Poslužite odmah.

Juneće rezano s piletinom i celerom

poslužitelj 4

4 sušene kineske gljive
45 ml / 3 žlice ulja od kikirikija.
2 češnja češnjaka, mljevena
1 korijen đumbira, narezan i samljeven
5 ml / 1 žličica soli

100 g nemasne junetine narezane na trakice
100 g piletine narezane na trakice
2 mrkve, narezane na trakice
2 stabljike celera, narezane na trakice
4 mlada luka, narezana na trakice
5 ml / 1 žličica šećera
5 ml / 1 žličica soja umaka
5 ml / 1 žličica rižinog vina ili suhog šerija
45 ml / 3 žlice vode
5 ml / 1 žličica kukuruznog brašna (kukuruzni škrob)

Namočite gljive u toploj vodi 30 minuta, zatim filtrirajte. Odstranite peteljke i odrežite klobuke. Zagrijte ulje i popržite češnjak, đumbir i sol dok ne porumene. Dodajte govedinu i piletinu i kuhajte dok ne počnu smeđiti. Dodajte celer, mladi luk, šećer, sojin umak, vino ili sherry i vodu te pustite da zavrije. Poklopite i pirjajte oko 15 minuta dok meso ne omekša. Kukuruzni škrob pomiješajte s malo vode, dodajte u umak i pirjajte uz miješanje dok se umak ne zgusne.

Meso s čilijem

poslužitelj 4

450 g goveđeg filea narezanog na trakice
45 ml / 3 žlice soja umaka
15 ml / 1 žlica rižinog vina ili suhog šerija
15 ml / 1 žlica smeđeg šećera
15 ml / 1 žlica sitno nasjeckanog korijena đumbira
30 ml / 2 žlice ulja od kikirikija.
50 g izdanaka bambusa, narezanih na šibice
1 glavica luka, izrezana na trakice
1 celer izrezan na štapiće šibica
2 crvena čilija, očišćena od sjemenki i narezana na trakice
120 ml / 4 fl oz / ¬Ω šalice pilećeg temeljca
15 ml / 1 žlica kukuruznog brašna (kukuruzni škrob)

Odrezak stavite u zdjelu. Pomiješajte soja umak, vino ili šeri, šećer i đumbir i pomiješajte s odreskom. Ostavite da se marinira 1 sat. Odrezak izvadite iz marinade. Zagrijte pola ulja i pržite izdanke bambusa, luk, celer i čili 3 minute pa ih izvadite iz tave. Zagrijte preostalo ulje i pecite odrezak 3 minute. Marinadu promiješajte, prokuhajte i dodajte pečeno povrće. Kuhajte uz miješanje 2 minute. Pomiješajte juhu i kukuruzni škrob i dodajte u tavu. Pustite da zavrije i uz miješanje kuhajte dok umak ne postane bistar i ne zgusne se.

Goveđi kineski kupus

poslužitelj 4

225 g nemasne junetine
30 ml / 2 žlice ulja od kikirikija.
350 g bok choya, naribanog
120 ml / 4 fl oz / ¬Ω šalice goveđeg temeljca
sol i svježe mljeveni papar
10 ml / 2 žličice kukuruznog brašna (kukuruzni škrob)
30 ml / 2 žlice vode

Meso narežite na tanke ploške u odnosu na zrno. Zagrijte ulje i pržite meso dok ne porumeni. Dodajte bok choy i pirjajte dok malo ne omekša. Dodajte juhu, prokuhajte, začinite solju i paprom. Poklopite i pirjajte 4 minute dok meso ne omekša. Pomiješajte kukuruzni škrob i vodu, ulijte u lonac i kuhajte uz miješanje dok se umak ne zgusne.

Teleći kotlet Suey

poslužitelj 4

3 štapića celera narezanog na ploške
100 g klica graha
100 g cvjetova brokule
60 ml / 4 žlice ulja od kikirikija.
3 mlada luka, nasjeckana
2 češnja češnjaka, mljevena
1 kriška korijena đumbira, nasjeckana
225 g nemasne junetine narezane na trakice

45 ml / 3 žlice soja umaka

15 ml / 1 žlica rižinog vina ili suhog šerija

5 ml / 1 žličica soli

2,5 ml / ¬Ω žličica šećera

svježe mljeveni papar

15 ml / 1 žlica kukuruznog brašna (kukuruzni škrob)

Celer, klice graha i brokulu blanširajte u kipućoj vodi 2 minute, zatim ocijedite i osušite. Zagrijte 45 ml / 3 žlice ulja i popržite mladi luk, češnjak i đumbir dok ne porumene. Dodajte meso i pržite ga 4 minute. Izvadite iz posude. Zagrijte preostalo ulje i pržite povrće 3 minute. Dodajte meso, sojin umak, vino ili sherry, sol, šećer i prstohvat papra te pirjajte 2 minute. Kukuruzni škrob pomiješajte s malo vode, ulijte u tavu i kuhajte uz miješanje dok se umak ne izbistri i ne zgusne.

govedina s krastavcima

poslužitelj 4

1 lb/450 g goveđe repne kosti, tanko narezane

45 ml / 3 žlice soja umaka

30 ml / 2 žlice kukuruznog brašna (kukuruzni škrob)

60 ml / 4 žlice ulja od kikirikija.

2 krastavca, oguljena, očišćena od jezgre i narezana na ploške

60 ml / 4 žlice pileće juhe

30 ml / 2 žlice rižinog vina ili suhog šerija

sol i svježe mljeveni papar

Odrezak stavite u zdjelu. Pomiješajte sojin umak i kukuruzni škrob i pomiješajte s odreskom. Ostavite da se marinira 30 minuta. Zagrijte pola ulja i pirjajte krastavac dok ne postane proziran 3 minute, a zatim ga izvadite iz tave. Zagrijte preostalo ulje i pecite biftek dok ne porumeni. Dodajte krastavac i pirjajte 2 minute. Dodajte juhu, vino ili šeri i začinite solju i paprom. Zakuhajte, poklopite i kuhajte 3 minute.

mesna hrana mein

poslužitelj 4

Filet pečenice 750 g / 1 ¬Ω lb

2 luka

45 ml / 3 žlice soja umaka

45 ml / 3 žlice rižinog vina ili suhog šerija

15 ml / 1 žlica maslaca od kikirikija

5 ml / 1 žličica soka od limuna

350 g paste od jaja

60 ml / 4 žlice ulja od kikirikija.

175 ml / 6 fl oz / ¬œ šalice pileće juhe

15 ml / 1 žlica kukuruznog brašna (kukuruzni škrob)

30 ml / 2 žlice umaka od kamenica

4 mlada luka, nasjeckana

3 štapića celera narezanog na ploške

100 g narezanih gljiva

1 zelena paprika, narezana na trakice

100 g klica graha

Obrezati i odrezati masnoću s mesa. Parmezan narežite poprečno na tanke ploške. Luk narežite na kolutove, slojeve odvojite. Pomiješajte 15 ml / 1 žlica sojinog umaka sa 15 ml / 1 žlicom vina ili šerija, maslacem od kikirikija i limunovim sokom. Dodajte meso, poklopite i ostavite da odstoji 1 sat. Kuhajte tjesteninu u kipućoj vodi oko 5 minuta ili dok ne omekša. Dobro ocijediti. Zagrijte 15 ml / 1 žličica ulja, dodajte 15 ml / 1 žličicu soja umaka i pastu i pržite 2 minute dok ne porumene. Stavite na topli tanjur.

Pomiješajte preostali sojin umak i vino ili sherry s temeljcem, kukuruznim škrobom i umakom od kamenica. Zagrijte 15 ml / 1 žlica ulja i pržite luk 1 minutu. Dodajte celer, gljive, papar i klice graha te pirjajte 2 minute. Izvadite iz woka. Zagrijte preostalo ulje i pržite meso dok ne porumeni. Dodajte temeljac, zakuhajte, poklopite i kuhajte 3 minute. Vratite povrće u wok i kuhajte oko 4 minute dok se ne zagrije. Smjesu prelijte preko tjestenine i poslužite.

odrezak od krastavaca

poslužitelj 4
450 g filea pečenice
10 ml / 2 žličice kukuruznog brašna (kukuruzni škrob)
10 ml / 2 žličice soli
2,5 ml / ¬Ω žličice svježe mljevenog papra
90 ml / 6 žlica ulja od kikirikija.
1 glavica luka sitno nasjeckana
1 krastavac, oguljen i narezan na ploške
120 ml / 4 fl oz / ¬Ω šalice goveđeg temeljca

Odrezak narežite na trakice, a potom na tanke ploške naspram zrna. Stavite u zdjelu i dodajte kukuruzni škrob, sol, papar i pola ulja. Ostavite da se marinira 30 minuta. Zagrijte preostalo ulje i popržite meso i luk dok ne porumene. Dodajte krastavac i temeljac, zakuhajte, poklopite i kuhajte 5 minuta.

Curry pečena govedina

poslužitelj 4

45 ml / 3 žlice maslaca

15 ml / 1 žlica curry praha

45 ml / 3 žlice brašna (sve namjene).

375 ml / 13 tečnih oz / 1¬Ω šalice mlijeka

15 ml / 1 žlica soja umaka

sol i svježe mljeveni papar

450 g kuhanog mljevenog mesa

100 g graška

2 mrkve, sitno nasjeckane
2 glavice luka nasjeckane
225 g kuhane riže dugog zrna, vruće
1 tvrdo kuhano jaje (kuhano), narezano na ploške

Otopite maslac, dodajte curry i brašno te kuhajte 1 minutu. Dodajte mlijeko i sojin umak, zakuhajte i kuhajte 2 minute uz miješanje. Začinite po ukusu solju i paprom. Dodajte govedinu, grašak, mrkvu i luk i dobro promiješajte da se prelije umakom. Dodajte rižu, zatim smjesu prebacite u pleh i pecite u prethodno zagrijanoj pećnici na 200 ∞ C / 400 ∞ F / plinska oznaka 6 20 minuta dok povrće ne omekša. Poslužite ukrašeno kriškama tvrdo kuhanog jaja.

ukiseljeno uho

poslužitelj 4

450 g / 1 lb limenka abalone

45 ml / 3 žlice soja umaka

30 ml / 2 žlice vinskog octa

5 ml / 1 žličica šećera

nekoliko kapi sezamovog ulja

Ocijedite abalone i narežite na tanke ploške ili trakice. Pomiješajte ostale sastojke, prelijte preko abalona i dobro promiješajte. Pokrijte i stavite u hladnjak na 1 sat.

Mladice bambusa kuhane na pari

poslužitelj 4

60 ml / 4 žlice ulja od kikirikija.

225 g mladica bambusa, narezanih na trakice

60 ml / 4 žlice pileće juhe

15 ml / 1 žlica soja umaka

5 ml / 1 žličica šećera

5 ml / 1 žličica rižinog vina ili suhog šerija

Zagrijte ulje i pržite mladice bambusa 3 minute. Pomiješajte temeljac, soja umak, šećer i vino ili šeri i ulijte u tavu. Poklopite i kuhajte na laganoj vatri 20 minuta. Ostavite da se ohladi i ohladi prije posluživanja.

Piletina krastavac

poslužitelj 4

1 krastavac, oguljen i bez koštice
225 g kuhane piletine narezane na male komadiće
5 ml / 1 žličica senfa u prahu
2,5 ml / ¬Ω čajna žličica soli
30 ml / 2 žlice vinskog octa

Krastavac narežite na trakice i stavite na tanjur. Po vrhu rasporedite piletinu. Pomiješajte senf, sol i vinski ocat i prelijte piletinu neposredno prije posluživanja.

Piletina sa sezamom

poslužitelj 4

350 g kuhane piletine
120 ml / 4 fl oz / ½ šalice vode
5 ml / 1 žličica senfa u prahu
15 ml / 1 žlica sjemenki sezama
2,5 ml / ½ čajna žličica soli
prstohvat šećera
45 ml / 3 žlice nasjeckanog svježeg korijandera
5 mladog luka (mladi luk), nasjeckanog
½ glavica zelene salate, naribana

Piletinu narežite na tanke trakice. Pomiješajte dovoljno vode sa senfom da dobijete glatku pastu i dodajte piletini. Na suhoj tavi tostirajte sjemenke sezama dok ne porumene pa ih dodajte piletini i pospite solju i šećerom. Dodajte polovicu peršina i mladog luka i dobro promiješajte. Salatu složite na tanjur za posluživanje, ukrasite smjesom od piletine i ukrasite preostalim peršinom.

Liči s đumbirom

poslužitelj 4

1 veća lubenica prerezana na pola i očišćena od sjemenki
450g/1lb konzerve ličija, ocijeđenog
5 cm / 2 stabljike đumbira, narezanog na ploške
malo listića metvice

Polovicu dinje napunite ličijem i đumbirom, ukrasite listićem mente. Ohladite prije posluživanja.

Crvena kuhana pileća krilca

poslužitelj 4

8 pilećih krilaca
2 mlada luka (mladi luk), nasjeckana
75 ml / 5 žlica soja umaka
120 ml / 4 fl oz / ¬Ω šalice vode
30 ml / 2 žlice smeđeg šećera

Odrežite i bacite dio s kostima pilećih krilaca i prepolovite ga. Stavite u lonac s ostalim sastojcima, zakuhajte, poklopite i kuhajte na laganoj vatri 30 minuta. Maknite poklopac i pirjajte još 15 minuta uz redovito podlijevanje. Ostavite da se ohladi prije posluživanja, a zatim ohladite.

Meso rakova s krastavcima

poslužitelj 4

100 g mesa rakova, u pahuljicama
2 krastavca, oguljena i nasjeckana
1 kriška korijena đumbira, nasjeckana
15 ml / 1 žlica soja umaka
30 ml / 2 žlice vinskog octa
5 ml / 1 žličica šećera
nekoliko kapi sezamovog ulja

Meso rakova i krastavac stavite u zdjelu. Pomiješajte ostale sastojke, prelijte preko smjese od rakova i dobro promiješajte. Pokrijte i ohladite 30 minuta prije posluživanja.

ukiseljene gljive

poslužitelj 4

225 g šampinjona

30 ml / 2 žlice soja umaka

15 ml / 1 žlica rižinog vina ili suhog šerija

prstohvat soli

nekoliko kapi tabasca

nekoliko kapi sezamovog ulja

Gljive blanširajte u kipućoj vodi 2 minute, zatim ih procijedite i osušite. Stavite ga u zdjelu i na njega izlijte ostale sastojke. Dobro promiješajte i ostavite da se ohladi prije posluživanja.

Marinirane gljive od češnjaka

poslužitelj 4

225 g šampinjona
3 češnja češnjaka, mljevena
30 ml / 2 žlice soja umaka
30 ml / 2 žlice rižinog vina ili suhog šerija
15 ml / 1 žlica sezamovog ulja
prstohvat soli

Gljive i češnjak stavite u cjedilo, prelijte kipućom vodom i ostavite da odstoji 3 minute. Ocijedite i dobro osušite. Pomiješajte ostale sastojke, prelijte marinadu preko gljiva i marinirajte 1 sat.

Škampi i cvjetača

poslužitelj 4

225 g cvjetova cvjetače

100 g oguljenih kozica

15 ml / 1 žlica soja umaka

5 ml / 1 žličica sezamovog ulja

Zasebno kuhajte cvjetaču oko 5 minuta dok ne omekša, ali ostane hrskava. Pomiješajte s kozicama, pospite soja umakom i sezamovim uljem, pa izmiješajte. Ohladite prije posluživanja.

Štapići šunke sa sezamom

poslužitelj 4

225 g šunke narezane na trakice
10 ml / 2 žličice soja umaka
2,5 ml / ¬Ω žličica sezamovog ulja

Rasporedite šunku u posudu za posluživanje. Pomiješajte sojin umak i sezamovo ulje, posipajte šunku po vrhu i poslužite.

hladni tofu

poslužitelj 4

450 g tofua, narezanog na ploške

45 ml / 3 žlice soja umaka

45 ml / 3 žlice ulja od kikirikija.

svježe mljeveni papar

Stavite tofu, nekoliko kriški, u cjedilo i uronite u kipuću vodu na 40 sekundi, zatim ocijedite i stavite na tanjur. Neka se ohladi. Pomiješajte sojin umak i ulje, pospite tofuom i poslužite posuto paprom.

Piletina sa slaninom

poslužitelj 4

225 g piletine narezane na vrlo tanke ploške
75 ml / 5 žlica soja umaka
15 ml / 1 žlica rižinog vina ili suhog šerija
1 češanj češnjaka, zgnječen
15 ml / 1 žlica smeđeg šećera
5 ml / 1 žličica soli
5 ml / 1 žličica mljevenog korijena đumbira
225 g nemasne slanine narezane na kockice
100 g vodenog kestena narezanog na vrlo tanke ploške
30 ml / 2 žlice meda

Stavite piletinu u zdjelu. Pomiješajte 45 ml / 3 žlice soja umaka s vinom ili šerijem, češnjakom, šećerom, soli i đumbirom, prelijte preko piletine i marinirajte cca. za 3 sata. Na ražanj za ćevape nataknite piletinu, slaninu i kestene. Pomiješajte preostali sojin umak s medom i premažite ražnjiće. Roštilj (roštilj) pod vrućim roštiljem cca. 10 minuta dok se ne skuha, često okrećući i prelijevajući s još glazure tijekom kuhanja.

Popečci s piletinom i bananama

poslužitelj 4

2 kuhana pileća prsa
2 tvrde banane
6 kriški kruha
4 jaja
120 ml / 4 fl oz / ¬Ω šalice mlijeka
50 g / 2 oz / ¬Ω šalica višenamjenskog brašna.
225 g / 8 oz / 4 šalice svježih krušnih mrvica
pržimo ulje

Piletinu narežite na 24 komada. Bananu ogulite i narežite na četvrtine po dužini. Svaku četvrtinu izrežite na trećine tako da dobijete 24 komada. Kruhu odrežite koricu i narežite na četvrtine. Umutiti jaja i mlijeko te obojati jednu stranu kruha. Na svaki komad kruha na stranu premazanu jajetom stavite komad piletine i komad banane. Kvadrate malo pobrašniti pa ih uvaljati u jaje i premazati prezlama. Ponovno prođite kroz jaje i ribež. Zagrijte ulje i pržite nekoliko kvadratića dok ne porumene. Prije posluživanja ocijedite na kuhinjskom papiru.

Piletina s đumbirom i gljivama

poslužitelj 4

225 g fileta pilećih prsa
5 ml / 1 žličica pet začina u prahu
15 ml / 1 žlica brašna (sve namjene).
120 ml / 4 fl oz / ¬Ω šalice ulja od kikirikija.
4 ljutike prerezane na pola
1 režanj češnjaka, narezan na ploške
1 kriška korijena đumbira, nasjeckana
25 g / 1 oz / ¬° šalice indijskih oraščića
5 ml / 1 žličica meda
15 ml / 1 žlica rižinog brašna
75 ml / 5 žlica rižinog vina ili suhog šerija
100 g šampinjona na četvrtine
2,5 ml / ¬Ω čajna žličica kurkume
6 žutih čilija prerezanih na pola
5 ml / 1 žličica soja umaka
¬¬ sok od limuna
sol papar
4 lista hrskave zelene salate

Pileća prsa s parmezanom narežite dijagonalno na tanke trakice. Pospite prahom od pet začina i tanko pospite brašnom. Zagrijte 15 ml/1 žlica ulja i pržite piletinu dok ne porumeni. Izvadite iz posude. Zagrijte još malo ulja i pržite ljutiku, češnjak, đumbir i indijske oraščiće 1 minutu. Dodajte med i miješajte dok se povrće ne prekrije. Pospite brašnom, zatim dodajte vino ili šeri. Dodajte gljive, kurkumu i čili i kuhajte 1 minutu. Dodajte piletinu, sojin umak, pola limunova soka, sol i papar, pa zagrijte. Izvadite iz posude i držite na toplom. Zagrijte još malo ulja, dodajte listove zelene salate i brzo popržite, začinite solju i paprom te preostalim sokom od limete.

piletina i šunka

poslužitelj 4

225 g piletine narezane na vrlo tanke ploške
75 ml / 5 žlica soja umaka
15 ml / 1 žlica rižinog vina ili suhog šerija
15 ml / 1 žlica smeđeg šećera
5 ml / 1 žličica mljevenog korijena đumbira
1 češanj češnjaka, zgnječen
225 g kuhane šunke narezane na kockice
30 ml / 2 žlice meda

Stavite piletinu u zdjelu s 45 ml/3 žlice soja umaka, vinom ili šerijem, šećerom, đumbirom i češnjakom. Pustite da se marinira 3 sata. Na ražanj za ćevape stavite piletinu i šunku. Pomiješajte preostali sojin umak s medom i premažite ražnjiće. Pecite (pecite) pod vrućim roštiljem oko 10 minuta, često okrećući i premazujući glazurom tijekom pečenja.

Pileća jetrica na žaru

poslužitelj 4

450 g pileće jetre

45 ml / 3 žlice soja umaka

15 ml / 1 žlica rižinog vina ili suhog šerija

15 ml / 1 žlica smeđeg šećera

5 ml / 1 žličica soli

5 ml / 1 žličica mljevenog korijena đumbira

1 češanj češnjaka, zgnječen

Pileća jetrica blanširajte u kipućoj vodi 2 minute, zatim dobro ocijedite. Stavite u zdjelu sa svim ostalim sastojcima osim ulja i marinirajte oko 3 sata. Pileća jetrica nataknite na ražnjiće za ćevape i pecite ih na zagrijanom roštilju oko 8 minuta dok ne porumene.

Kuglice od rakova s vodenim kestenom

poslužitelj 4

450 g mljevenog mesa rakova

100 g sitno sjeckanog vodenog kestena

1 češanj češnjaka, zgnječen

1 cm/¬Ω narezan korijen đumbira, nasjeckan

45 ml / 3 žlice kukuruznog brašna (kukuruzni škrob)

30 ml / 2 žlice soja umaka

15 ml / 1 žlica rižinog vina ili suhog šerija

5 ml / 1 žličica soli

5 ml / 1 žličica šećera

3 razmućena jaja

pržimo ulje

Pomiješajte sve sastojke osim ulja i oblikujte kuglice. Zagrijte ulje i pržite okruglice od rakova dok ne porumene. Dobro ocijedite prije posluživanja.

dim sum

poslužitelj 4

100 g oguljenih kozica, sitno narezanih
225 g nemasne svinjetine, sitno nasjeckane
50 g bok choya, sitno nasjeckanog
3 mlada luka, nasjeckana
1 razmućeno jaje
30 ml / 2 žlice kukuruznog brašna (kukuruzni škrob)
10 ml / 2 žličice soja umaka
5 ml / 1 žličica sezamovog ulja
5 ml / 1 žličica umaka od kamenica
24 wonton kože
pržimo ulje

Pomiješajte škampe, svinjetinu, kupus i mladi luk. Pomiješajte jaja, kukuruzni škrob, sojin umak, sezamovo ulje i umak od kamenica. Stavite žlicu mješavine u sredinu svake wonton kore. Pažljivo zamotajte nadjev, preklopite rubove, ali ostavite gornji dio otvorenim. Zagrijte ulje i malo po malo pržite dimnjak dok ne porumeni. Dobro ocijedite i poslužite toplo.

Rolice od šunke i piletine

poslužitelj 4

2 pileća prsa

1 češanj češnjaka, zgnječen

2,5 ml / ½ čajna žličica soli

2,5 ml / ½ čajna žličica praha od pet začina

4 kriške kuhane šunke

1 razmućeno jaje

30 ml / 2 žlice mlijeka

25 g / 1 oz / ¼ šalice glatkog brašna (za sve namjene).

4 kore za rolat jaja

pržimo ulje

Pileća prsa prerežite na pola. Istucite ih vrlo tanko. Pomiješajte češnjak, sol i pet začina u prahu i pospite preko piletine. Na svaki komad piletine staviti plošku šunke i dobro zarolati. Pomiješajte jaja i mlijeko. Lagano pobrašnite komade piletine, pa ih umočite u smjesu od jaja. Svaki komad stavite na koru rolade s jajima i premažite rubove razmućenim jajetom. Presavijte strane, zatim zarolajte i stisnite rubove da se spoje. Zagrijte ulje i pržite rolice dok ne porumene oko 5 minuta.

zlatna i kuhana. Ocijedite na kuhinjskom papiru, pa dijagonalno narežite deblje kriške za posluživanje.

Pečeni kolutići od šunke

posluživitelj 4

350 g / 12 oz / 3 šalice brašna (za sve namjene).

175 g / 6 oz / ¬œ šalice maslaca

120 ml / 4 fl oz / ¬Ω šalice vode

225 g nasjeckane šunke

100 g nasjeckanih izdanaka bambusa

2 mlada luka (mladi luk), nasjeckana

15 ml / 1 žlica soja umaka

30 ml / 2 žlice sjemenki sezama

Stavite brašno u zdjelu i dodajte maslac. Pomiješajte s vodom da napravite pastu. Razvaljajte tijesto i izrežite krugove 5 cm/2 cm. Pomiješajte sve ostale sastojke osim sjemenki sezama i istresite okolo. Rubove lisnatog tijesta premažite vodom i zatvorite. Izvana premažite vodom i pospite sezamom. Pecite u prethodno zagrijanoj pećnici na 180¬∞C / 350¬∞F / plinska oznaka 4 30 minuta.

pseudo dimljena riba

poslužitelj 4

1 brancin

3 kriške korijena đumbira, narezanog na ploške

1 češanj češnjaka, zgnječen

1 mladi luk (kapula), često narezan na ploške

75 ml / 5 žlica soja umaka

30 ml / 2 žlice rižinog vina ili suhog šerija

2,5 ml / ½ žličica mljevenog anisa

2,5 ml / ½ žličica sezamovog ulja

10 ml / 2 žličice šećera

120 ml / 4 fl oz / ½ šalice juhe

pržimo ulje

5 ml / 1 žličica kukuruznog brašna (kukuruzni škrob)

Ogulite ribu i narežite na 5 mm (¼ inča) žilaste kriške. Pomiješajte đumbir, češnjak, mladi luk, 60 ml / 4 žlice soja umaka, šeri, anis i sezamovo ulje. Prelijte preko ribe i pustite da fino zamiriše. Ostavite 2 sata uz povremeno miješanje.

Ocijedite marinadu u plehu i izgladite ribu na kuhinjskom papiru. Dodajte šećer, temeljac i preostali soja umak.

marinadu, zakuhajte i kuhajte 1 minutu. Ako želite da se umak zgusne, kukuruzni škrob pomiješajte s malo hladne vode, dodajte u umak i kuhajte uz miješanje dok se umak ne zgusne.

U međuvremenu zagrijte ulje i pržite ribu dok ne porumeni. Dobro ocijediti. Komade ribe umočite u marinadu i stavite na topli tanjur. Poslužite toplo ili hladno.

gljive kuhane na pari

poslužitelj 4

12 velikih kapela suhih gljiva

225 g mesa rakova

3 nasjeckana vodena kestena

2 mlada luka, sitno nasjeckana

1 bjelanjak

15 ml / 1 žlica kukuruznog brašna (kukuruzni škrob)

15 ml / 1 žlica soja umaka

15 ml / 1 žlica rižinog vina ili suhog šerija

Namočite gljive u toploj vodi preko noći. Pritisnite i osušite. Ostale sastojke pomiješati i puniti klobuke na gljivama. Stavite na rešetku za paru i kuhajte na pari 40 minuta. Poslužite vruće.

Gljive u umaku od kamenica

poslužitelj 4

10 suhih kineskih gljiva
250 ml / 8 tečnih oz / 1 šalica goveđeg temeljca
15 ml / 1 žlica kukuruznog brašna (kukuruzni škrob)
30 ml / 2 žlice umaka od kamenica
5 ml / 1 žličica rižinog vina ili suhog šerija

Namočite gljive u vrućoj vodi 30 minuta, zatim ih ocijedite i ostavite 250 ml / 8 fl oz / 1 šalicu tekućine za namakanje. Bacite peteljke. Pomiješajte 60 ml / 4 žlice goveđeg temeljca s kukuruznim škrobom dok ne dobijete pastu. Zakuhajte preostalu goveđu juhu s gljivama i tekućinom od gljiva, poklopite i kuhajte 20 minuta. Gljive izvadite iz tekućine šupljikavom žlicom i stavite ih na topli tanjur. Dodajte umak od kamenica i sherry u tavu i pirjajte uz miješanje 2 minute. Dodajte kukuruzni škrob i kuhajte na laganoj vatri uz miješanje dok se umak ne zgusne. Prelijte preko gljiva i odmah poslužite.

Rolat od svinjetine i salate

poslužitelj 4

4 sušene kineske gljive
15 ml / 1 žlica ulja od kikirikija (kikiriki).
225 g nemasne svinjetine, mljevene
100 g nasjeckanih izdanaka bambusa
100 g sitno sjeckanog vodenog kestena
4 mlada luka, nasjeckana
175 g mesa rakova, u pahuljicama
30 ml / 2 žlice rižinog vina ili suhog šerija
15 ml / 1 žlica soja umaka
10 ml / 2 žličice umaka od kamenica
10 ml / 2 žličice sezamovog ulja
9 kineskih znakova

Namočite gljive u toploj vodi 30 minuta, zatim filtrirajte. Odstranite peteljke i odrežite klobuke. Zagrijte ulje i pržite svinjetinu 5 minuta. Dodajte gljive, mladice bambusa, vodene kestene, mladi luk i meso rakova te pržite 2 minute. Pomiješajte vino ili šeri, sojin umak, umak od kamenica i sezamovo ulje i pomiješajte u tavi. Maknite s vatre. U međuvremenu blanširajte kineske listove u kipućoj vodi 1 minutu.

kanal. U sredinu svakog lista stavite žlicu svinjske smjese, preklopite stranice prema dolje i zarolajte za posluživanje.

Ćufte od svinjetine i kestena

poslužitelj 4

450 g mljevene svinjetine (mljeveno).

50 g gljiva, sitno nasjeckanih

50 g vodenog kestena nasjeckanog

1 češanj češnjaka, zgnječen

1 razmućeno jaje

30 ml / 2 žlice soja umaka

15 ml / 1 žlica rižinog vina ili suhog šerija

5 ml / 1 žličica mljevenog korijena đumbira

5 ml / 1 žličica šećera

Sol

30 ml / 2 žlice kukuruznog brašna (kukuruzni škrob)

pržimo ulje

Pomiješajte sve sastojke osim kukuruznog škroba i od mase oblikujte kuglice. Zarolajte kukuruzni škrob. Zagrijte ulje i pržite mesne okruglice dok ne porumene oko 10 minuta. Dobro ocijedite prije posluživanja.

svinjske okruglice

4.Äì6 porcija

450g/1lb brašna (za sve namjene).

500 ml / 17 fl oz / 2 šalice vode

450 g kuhane mljevene svinjetine

225 g oguljenih kozica, sitno narezanih

4 stabljike celera, nasjeckane

15 ml / 1 žlica soja umaka

15 ml / 1 žlica rižinog vina ili suhog šerija

15 ml / 1 žlica sezamovog ulja

5 ml / 1 žličica soli

2 mlada luka, sitno nasjeckana

2 češnja češnjaka, mljevena

1 kriška korijena đumbira, nasjeckana

Pomiješajte brašno i vodu dok tijesto ne postane mekano i dobro se umijesi. Pokrijte i ostavite da odstoji 10 minuta. Tijesto razvaljajte što tanje i izrežite na krugove od 5 cm. Pomiješajte sve ostale sastojke. U svaki krug staviti po žlicu smjese, navlažiti rubove i zatvoriti u polukrug. Zakuhajte lonac vode, pa pažljivo spustite njoke u vodu.

Svinjske i goveđe okruglice

poslužitelj 4

100 g mljevene svinjetine (mljeveno).

100 g mljevene junetine (mljeveno).

1 šnita nasjeckane slanine (narezana)

15 ml / 1 žlica soja umaka

sol papar

1 razmućeno jaje

30 ml / 2 žlice kukuruznog brašna (kukuruzni škrob)

pržimo ulje

Pomiješajte govedinu i slaninu te začinite solju i paprom. Pomiješajte s jajetom, oblikujte kuglice veličine oraha i pospite kukuruznim škrobom. Zagrijte ulje i pržite ga zlatno smeđe. Dobro ocijedite prije posluživanja.

leptir škampi

poslužitelj 4

*450 g oguljenih velikih kozica
15 ml / 1 žlica soja umaka
5 ml / 1 žličica rižinog vina ili suhog šerija
5 ml / 1 žličica mljevenog korijena đumbira
2,5 ml / ¬Ω čajna žličica soli
2 razmućena jaja
30 ml / 2 žlice kukuruznog brašna (kukuruzni škrob)
15 ml / 1 žlica brašna (sve namjene).
pržimo ulje*

U sredini kotleta zarežite škampe i razvaljajte ih u obliku leptira. Umiješajte soja umak, vino ili sherry, đumbir i sol. Prelijte kozice i marinirajte 30 minuta. Izvadite iz marinade i osušite. Umutite jaje sa škrobom i brašnom dok ne dobijete tijesto, te u tijesto umočite kozice. Zagrijte ulje i pržite kozice dok ne porumene. Dobro ocijedite prije posluživanja.

kineske kozice

poslužitelj 4

450 g oljuštenih kozica
30 ml / 2 žlice Worcestershire umaka
15 ml / 1 žlica soja umaka
15 ml / 1 žlica rižinog vina ili suhog šerija
15 ml / 1 žlica smeđeg šećera

Kozice stavite u zdjelu. Pomiješajte ostale sastojke, prelijte kozice i marinirajte 30 minuta. Stavite na tepsiju obloženu papirom za pečenje i pecite u prethodno zagrijanoj pećnici na 150¬∞C / 300¬∞F / plinska oznaka 2 25 minuta. Poslužite toplo ili hladno uz dagnje po ukusu gostiju.

zmajevi oblaci

poslužitelj 4

100 g krekera od kozica

pržimo ulje

Zagrijte ulje dok se jako ne zagrije. Dodajte šaku po šaku krekera od kozica i pržite nekoliko sekundi dok ne nabubre. Izvaditi iz ulja i ocijediti na kuhinjskom papiru dok se keksići peku.

hrskave kozice

poslužitelj 4

450 g oguljenog tigrastog raka
15 ml / 1 žlica rižinog vina ili suhog šerija
10 ml / 2 žličice soja umaka
5 ml / 1 žličica pet začina u prahu
sol papar
90 ml / 6 žlica kukuruznog brašna (kukuruzni škrob)
2 razmućena jaja
100 g krušnih mrvica
ulje od kikirikija za prženje

Pomiješajte kozice s vinom ili šerijem, soja umakom i pet začina u prahu te začinite solju i paprom. Uvaljajte ih u kukuruzno brašno, zatim u razmućeno jaje i prezle. Pržite na vrućem ulju dok ne porumene nekoliko minuta, ocijedite i odmah poslužite.

Kozice s umakom od đumbira

poslužitelj 4

15 ml / 1 žlica soja umaka
5 ml / 1 žličica rižinog vina ili suhog šerija
5 ml / 1 žličica sezamovog ulja
450 g oguljenih kozica
30 ml / 2 žlice nasjeckanog svježeg peršina
15 ml / 1 žlica vinskog octa
5 ml / 1 žličica mljevenog korijena đumbira

Pomiješajte sojin umak, vino ili šeri i sezamovo ulje. Prelijte kozice, poklopite i marinirajte 30 minuta. Pecite kozice na roštilju nekoliko minuta dok ne budu kuhane, a zatim ih pokapajte marinadom. U međuvremenu pomiješajte peršin, vinski ocat i đumbir zajedno s kozicama.

Kozice i rolice od tjestenine

poslužitelj 4

50 g jaja tjestenine narezati na komade
15 ml / 1 žlica ulja od kikirikija (kikiriki).
50 g nemasne svinjetine, sitno nasjeckane
100 g sitno nasjeckanih gljiva
3 mlada luka, nasjeckana
100 g oguljenih kozica, sitno narezanih
15 ml / 1 žlica rižinog vina ili suhog šerija
sol papar
24 wonton kože
1 razmućeno jaje
pržimo ulje

Tjesteninu kuhajte u kipućoj vodi 5 minuta, zatim je ocijedite i narežite na komade. Zagrijte ulje i pržite svinjetinu 4 minute. Dodajte gljive i luk i kuhajte 2 minute, a zatim maknite s vatre. Dodajte kozice, vino ili sherry i tjesteninu te začinite solju i paprom. U sredinu svake wonton kore stavite žlicu smjese, a rubove premažite razmućenim jajetom. Presavijte rubove, zatim zarolajte papir za omatanje, zalijepite rubove. Zagrijte ulje i ispecite rolnice nekoliko po nekoliko oko 5 minuta dok ne porumene. Prije posluživanja ocijedite na kuhinjskom papiru.

tost sa škampima

poslužitelj 4

2 jaja 450 g oguljenih kozica, sitno narezanih
15 ml / 1 žlica kukuruznog brašna (kukuruzni škrob)
1 glavica luka sitno nasjeckana
30 ml / 2 žlice soja umaka
15 ml / 1 žlica rižinog vina ili suhog šerija
5 ml / 1 žličica soli
5 ml / 1 žličica mljevenog korijena đumbira
8 kriški kruha izrezati na trokute
pržimo ulje

Pomiješajte 1 jaje sa ostalim sastojcima osim kruha i ulja. Prelijte smjesu preko trokuta kruha i pritisnite kupolu prema dolje. Premažite preostalim jajetom. Toplo cca. 5 cm ulja i pržite trokutaste kockice kruha dok ne porumene. Dobro ocijedite prije posluživanja.

Wonton od svinjetine i škampa sa slatko-kiselim umakom

poslužitelj 4

120 ml / 4 fl oz / ½ šalice vode

60 ml / 4 žlice vinskog octa

60 ml / 4 žlice smeđeg šećera

30 ml / 2 žlice pirea od rajčice (pasta)

10 ml / 2 žličice kukuruznog brašna (kukuruzni škrob)

25 g sitno nasjeckanih gljiva

25 g oguljenih kozica nasjeckanih

50 g nemasne mljevene svinjetine

2 mlada luka (mladi luk), nasjeckana

5 ml / 1 žličica soja umaka

2,5 ml / ½ žličice naribanog korijena đumbira

1 češanj češnjaka, zgnječen

24 wonton kože

pržimo ulje

U loncu pomiješajte vodu, vinski ocat, šećer, pastu od rajčice i kukuruzni škrob. Pustite da zakipi uz stalno miješanje pa kuhajte na laganoj vatri 1 minutu. Maknite s vatre i držite na toplom.

Pomiješajte gljive, kozice, svinjetinu, mladi luk, soja umak, đumbir i češnjak. U svaku koricu sipati po žlicu nadjeva, rubove premazati vodom i pritisnuti. Zagrijte ulje i pecite jedan po jedan wonton dok ne porumene. Ocijedite na kuhinjskom papiru i poslužite vruće sa slatko-kiselim umakom.

Pileća juha

2 litre / 3½ boda / 8½ šalica

1,5 kg kuhanih ili sirovih pilećih bataka
450 g svinjskog buta
1 cm/½ korijena đumbira u komadićima
3 mlada luka, narezana na ploške
1 češanj češnjaka, zgnječen
5 ml / 1 žličica soli
2,25 litara / 4 pt / 10 čaša vode

Prokuhajte sve sastojke, poklopite i ostavite da lagano kuha 15 minuta. Uklonite masnoću. Poklopite i kuhajte na laganoj vatri sat i pol. Filtrirati, ohladiti i pjeniti. Zamrznite u malim obrocima ili ohladite i iskoristite unutar 2 dana.

Juha od svinjetine i klica graha

poslužitelj 4

450 g mljevene svinjetine

1,5 l / 2½ pt / 6 šalica pileće juhe

5 kriški korijena đumbira

350 g klica graha

15 ml / 1 žlica soli

Svinjetinu blanširajte u kipućoj vodi 10 minuta, zatim ocijedite. Prokuhajte juhu i dodajte svinjetinu i đumbir. Poklopite i kuhajte na laganoj vatri 50 minuta. Dodajte klice graha i sol te pirjajte 20 minuta.

Juha od abalona i gljiva

poslužitelj 4

60 ml / 4 žlice ulja od kikirikija.
100 g nemasne svinjetine narezane na trakice
225 g konzerviranog uha, narezanog na trakice
100 g narezanih gljiva
2 štapića celera, narezanog na ploške
50 g šunke narezane na trakice
2 luka, narezana na ploške
1,5 l / 2½ pt / 6 šalica vode
30 ml / 2 žlice vinskog octa
45 ml / 3 žlice soja umaka
2 kriške nasjeckanog korijena đumbira
sol i svježe mljeveni papar
15 ml / 1 žlica kukuruznog brašna (kukuruzni škrob)
45 ml / 3 žlice vode

Zagrijte ulje i pržite svinjetinu, abalone, gljive, celer, šunku i luk 8 minuta. Dodajte vodu i vinski ocat, zakuhajte, poklopite i kuhajte 20 minuta. Dodajte soja umak, đumbir, sol i papar. Umiješajte kukuruzni škrob dok ne dobijete pastu vode, ulijte u juhu i kuhajte 5 minuta uz miješanje dok juha ne postane bistra i zgusne se.

Juha od piletine i šparoga

poslužitelj 4

100 g piletine, mljevene
2 bjelanjka
2,5 ml / ½ žličice soli
30 ml / 2 žlice kukuruznog brašna (kukuruzni škrob)
225 g šparoga narezati na komade od 5 cm
100 g klica graha
1,5 l / 2½ pt / 6 šalica pileće juhe
100 g šampinjona

Piletinu pomiješajte s bjelanjcima, soli i kukuruznim škrobom te ostavite da odstoji 30 minuta. Pileća prsa kuhajte u kipućoj vodi 10 minuta, zatim ih dobro ocijedite. Šparoge blanširajte u kipućoj vodi 2 minute, zatim ocijedite. Klice graha blanširajte u kipućoj vodi 3 minute, zatim procijedite. U veliki lonac ulijte juhu i dodajte piletinu, šparoge, gljive i klice graha. Zakuhajte i posolite. Pirjajte nekoliko minuta da razvije okus i dok povrće ne omekša, ali ostane hrskavo.

Goveđa juha

poslužitelj 4

225 g mljevene junetine (narezane na sitne komade).

15 ml / 1 žlica soja umaka

15 ml / 1 žlica rižinog vina ili suhog šerija

15 ml / 1 žlica kukuruznog brašna (kukuruzni škrob)

1,2 l / 2 pt / 5 šalica pileće juhe

5 ml / 1 žličica umaka od čili graha

sol papar

2 razmućena jaja

6 mladog luka (mladi luk), nasjeckanog

Pomiješajte meso sa sojinim umakom, vinom ili šerijem i kukuruznim škrobom. Dodajte u juhu i lagano kuhajte uz miješanje. Dodati pikantni umak od graha, posoliti i popapriti po ukusu, poklopiti i ostaviti da lagano kuha cca. 10 minuta uz povremeno miješanje. Dodajte jaja i poslužite posuto mladim lukom.

Kineska juha od govedine i lišća

poslužitelj 4

200 g nemasne junetine narezane na trakice
15 ml / 1 žlica soja umaka
15 ml / 1 žlica ulja od kikirikija (kikiriki).
1,5 l / 2½ pt / 6 šalica goveđe juhe
5 ml / 1 žličica soli
2,5 ml / ½ žličice šećera
½ glavice kineskog lista narezanog na komade

Meso pomiješajte sa soja umakom i uljem i marinirajte 30 minuta uz povremeno miješanje. Zakuhajte juhu sa solju i šećerom, dodajte kinesko lišće i kuhajte oko 10 minuta dok ne bude gotovo kuhano. Dodajte meso i pirjajte još 5 minuta.

Juha od kupusa

poslužitelj 4

60 ml / 4 žlice ulja od kikirikija.
2 glavice luka nasjeckane
100 g nemasne svinjetine narezane na trakice
225 g kineskog kupusa, nasjeckanog
10 ml / 2 žličice šećera
1,2 l / 2 pt / 5 šalica pileće juhe
45 ml / 3 žlice soja umaka
sol papar
15 ml / 1 žlica kukuruznog brašna (kukuruzni škrob)

Zagrijte ulje i popržite luk i svinjetinu dok ne porumene. Dodajte kupus i šećer i pržite 5 minuta. Dodajte juhu i sojin umak te začinite solju i paprom. Pustite da zavrije, poklopite i kuhajte 20 minuta. Kukuruzni škrob pomiješajte s malo vode, dodajte u juhu i pustite da lagano kuha dok se juha ne zgusne i postane prozirna.

Začinjena goveđa juha

poslužitelj 4

45 ml / 3 žlice ulja od kikirikija.

1 češanj češnjaka, zgnječen

5 ml / 1 žličica soli

225 g mljevene junetine (narezane na sitne komade).

6 glavica mladog luka, narezanih na trakice

1 crvena paprika narezana na trakice

1 zelena paprika, narezana na trakice

225 g sitno nasjeckanog kupusa

1 l / 1¾pt / 4¼ šalice goveđe juhe

30 ml / 2 žlice umaka od šljiva

30 ml / 2 žlice hoisin umaka

45 ml / 3 žlice soja umaka

2 kriške đumbira, bez peteljke, sitno nasjeckane

2 jaja

5 ml / 1 žličica sezamovog ulja

225 g namočene prozirne paste

Zagrijte ulje i popržite češnjak i sol dok ne porumene. Dodajte meso i brzo popržite. Dodajte povrće i pirjajte dok ne postane prozirno. Dodajte juhu, umak od šljiva, umak hoisin, 30 ml/2 žlicu soja umaka i đumbira, zakuhajte i kuhajte 10 minuta. Umutite jaja sa sezamovim uljem i preostalim sojinim umakom. Dodajte ga u juhu s rezancima i kuhajte uz miješanje dok jaje ne postane žilavo, a rezanci omekšaju.

rajska juha

poslužitelj 4

2 mlada luka (mladi luk), nasjeckana
1 češanj češnjaka, zgnječen
30 ml / 2 žlice nasjeckanog svježeg peršina
5 ml / 1 žličica soli
15 ml / 1 žlica ulja od kikirikija (kikiriki).
30 ml / 2 žlice soja umaka
1,5 l / 2½ pt / 6 šalica vode

Pomiješajte mladi luk, češnjak, peršin, sol, ulje i soja umak. Prokuhajte vodu, prelijte smjesu vlasca i ostavite 3 minute.

Juha od piletine i izdanaka bambusa

poslužitelj 4

2 pileća batka

30 ml / 2 žlice ulja od kikirikija.

5 ml / 1 žličica rižinog vina ili suhog šerija

1,5 l / 2½ pt / 6 šalica pileće juhe

3 mlada luka, narezana na ploške

100 g izdanaka bambusa narezati na komade

5 ml / 1 žličica mljevenog korijena đumbira

Sol

Piletinu otkostite, a meso narežite na kockice. Zagrijte ulje i dobro ispecite pileća prsa sa svih strana. Dodajte temeljac, mladi luk, mladice bambusa i đumbir, zakuhajte i kuhajte oko 20 minuta dok piletina ne omekša. Prije posluživanja posolite.

Juha od piletine i kukuruza

poslužitelj 4

1 l / 1¾ pt / 4¼ šalice pileće juhe
100 g piletine narezane na male komadiće
200 g kukuruznog vrhnja
narežite šunku i narežite je na male komadiće
razmućeno jaje
15 ml / 1 žlica rižinog vina ili suhog šerija

Zakuhajte juhu i piletinu, poklopite i kuhajte 15 minuta. Dodajte kukuruz šećerac i šunku, poklopite i pirjajte 5 minuta. Dodati jaja i sherry, polako mješati štapićem da se jaja stvore na niti. Maknite s vatre, poklopite i ostavite da odstoji 3 minute prije posluživanja.

Juha od piletine i đumbira

poslužitelj 4

4 sušene kineske gljive
1,5 l / 2½ pt / 6 šalica vode ili pileće juhe
225 g piletine narezane na kockice
10 kriški korijena đumbira
5 ml / 1 žličica rižinog vina ili suhog šerija
Sol

Namočite gljive u toploj vodi 30 minuta, zatim filtrirajte. Bacite peteljke. Zakuhajte vodu ili temeljac s ostatkom sastojaka i kuhajte oko 20 minuta dok piletina ne omekša.

Kineska pileća juha s gljivama

poslužitelj 4

25 g suhih kineskih gljiva
100 g piletine, mljevene
50 g mladica bambusa, nasjeckanih
30 ml / 2 žlice soja umaka
30 ml / 2 žlice rižinog vina ili suhog šerija
1,2 l / 2 pt / 5 šalica pileće juhe

Namočite gljive u toploj vodi 30 minuta, zatim filtrirajte. Odstranite peteljke i odrežite vrhove. Gljive, piletinu i mladice bambusa blanširajte u kipućoj vodi 30 sekundi, zatim ocijedite. Stavite ih u zdjelu i pomiješajte sa soja umakom i vinom ili šerijem.Ostavite da se mariniraju 1 sat. Zakuhajte juhu, dodajte smjesu s piletinom i marinadu. Dobro promiješajte i pirjajte nekoliko minuta dok piletina ne omekša.

Pileća juha i riža

poslužitelj 4

1 l / 1¾ pt / 4¼ šalice pileće juhe

225 g / 8 oz / 1 šalica kuhane riže dugog zrna

100 g kuhane piletine narezane na trakice

1 glavica luka, izrezana na kolutove

5 ml / 1 žličica soja umaka

Sve sastojke zagrijte dok juha ne zavrije.

Juha od piletine i kokosa

poslužitelj 4

350 g pilećih prsa

Sol

10 ml / 2 žličice kukuruznog brašna (kukuruzni škrob)

30 ml / 2 žlice ulja od kikirikija.

1 zeleni čili, nasjeckan

1 l / 1¾ pt / 4¼ šalice kokosovog mlijeka

5 ml / 1 žličica limunove kore

12 ličija

prstohvat ribanog muškatnog oraščića

sol i svježe mljeveni papar

2 lista limunske trave

Pileća prsa izrežite dijagonalno od parmezana na trakice. Pospite solju i prekrijte kukuruznim škrobom. Zagrijte 10 ml / 2 žličice ulja u woku, okrenite i ulijte. Ponovite još jednom. Zagrijte preostalo ulje i pržite piletinu i čili 1 minutu. Dodajte kokosovo mlijeko i zakuhajte. Dodajte limunovu koricu i kuhajte na laganoj vatri 5 minuta. Dodajte liči, začinite muškatnim oraščićem, soli i paprom i poslužite ukrašeno limunskom travom.

Juha od dagnji

poslužitelj 4

2 sušene kineske gljive
12 školjki, namočenih i izribanih
1,5 l / 2½ pt / 6 šalica pileće juhe
50 g mladica bambusa, nasjeckanih
50 g graška šećera prerezanog na pola
2 mlada luka (mladi luk), narezana na kolutiće
15 ml / 1 žlica rižinog vina ili suhog šerija
prstohvat svježe mljevenog papra

Namočite gljive u toploj vodi 30 minuta, zatim filtrirajte. Uklonite peteljke i prepolovite vrhove. Kuhajte školjke na pari oko 5 minuta dok se ne otvore; odbacite one koji su ostali zatvoreni. Uklonite školjke iz ljuski. Prokuhajte juhu i dodajte gljive, mladice bambusa, grašak i mladi luk. Kuhajte nepoklopljeno 2 minute. Dodajte dagnje, vino ili sherry, začinite paprom i pirjajte dok se ne zagrije.

juha od jaja

poslužitelj 4

1,2 l / 2 pt / 5 šalica pileće juhe
3 razmućena jaja
45 ml / 3 žlice soja umaka
sol i svježe mljeveni papar
4 mlada luka, narezana na ploške

Prokuhajte juhu. Umućena jaja malo po malo tucite da postanu žilasta. Dodajte sojin umak te sol i papar po ukusu. Poslužite ukrašeno vlascem.

Juha od rakova i školjki

poslužitelj 4

4 sušene kineske gljive
15 ml / 1 žlica ulja od kikirikija (kikiriki).
1 razmućeno jaje
1,5 l / 2½ pt / 6 šalica pileće juhe
175 g mesa rakova, u pahuljicama
100 g oguljenih jakobovih kapica narezati na ploške
100 g izdanaka bambusa, narezanih na kriške
2 mlada luka (mladi luk), nasjeckana
1 kriška korijena đumbira, nasjeckana
malo kuhanih i oguljenih kozica (po želji)
45 ml / 3 žlice kukuruznog brašna (kukuruzni škrob)
90 ml / 6 žlica vode
30 ml / 2 žlice rižinog vina ili suhog šerija
20 ml / 4 žličice soja umaka
2 bjelanjka

Namočite gljive u toploj vodi 30 minuta, zatim filtrirajte. Uklonite peteljke i tanko narežite vrhove. Zagrijte ulje, dodajte jaje i nagnite tavu da jaje prekrije dno. konstruiran procijediti, okrenuti i skuhati i drugu stranu. Izvaditi iz kalupa, zarolati i rezati na tanke trakice.

Zakuhajte juhu, dodajte gljive, trakice jaja, meso rakova, jakobove kapice, mladice bambusa, mladi luk, đumbir i škampe, ako ih koristite. Prokuhajmo natrag. Pomiješajte kukuruzni škrob sa 60 ml / 4 žlice vode, vinom ili šerijem i sojinim umakom te umiješajte u juhu. Kuhajte na laganoj vatri uz miješanje dok se juha ne zgusne. Bjelanjke s preostalom vodom istucite u čvrsti snijeg i polako ih uz žustro miješanje ulijevajte u juhu.

juha od rakova

poslužitelj 4

90 ml / 6 žlica ulja od kikirikija.

3 glavice luka nasjeckane

225 g mesa bijelog i smeđeg raka

1 kriška korijena đumbira, nasjeckana

1,2 l / 2 pt / 5 šalica pileće juhe

150 ml / ¼ pt / čaša rižinog vina ili suhog šerija

45 ml / 3 žlice soja umaka

sol i svježe mljeveni papar

Zagrijte ulje i pržite luk dok ne omekša, ali ne smeđi. Dodajte meso rakova i đumbir i pržite 5 minuta. Dodajte juhu, vino ili šeri i sojin umak, začinite solju i paprom. Zakuhajte, a zatim kuhajte 5 minuta.

Riblja juha

poslužitelj 4

225 g ribljeg filea

1 kriška korijena đumbira, nasjeckana

15 ml / 1 žlica rižinog vina ili suhog šerija

30 ml / 2 žlice ulja od kikirikija.

1,5 l / 2½ pt / 6 šalica ribljeg soka

Ribu narežite na tanke trakice u odnosu na oči. Pomiješajte đumbir, vino ili šeri i ulje, dodajte ribu i lagano promiješajte. Ostavite da se marinira 30 minuta uz povremeno miješanje. Zakuhajte juhu, dodajte ribu i ostavite da lagano kuha 3 minute.

Riblja juha i salata

poslužitelj 4

225 g filea bijele ribe

30 ml / 2 žlice brašna (sve namjene).

sol i svježe mljeveni papar

90 ml / 6 žlica ulja od kikirikija.

6 mladog luka, narezanog na ploške

100 g nasjeckane zelene salate

1,2 l / 2 pt / 5 šalica vode

10 ml / 2 žličice sitno nasjeckanog korijena đumbira

150 ml / ¼ pt / ½ velike šalice rižinog vina ili suhog šerija

30 ml / 2 žlice kukuruznog brašna (kukuruzni škrob)

30 ml / 2 žlice nasjeckanog svježeg peršina

10 ml / 2 žličice soka od limuna

30 ml / 2 žlice soja umaka

Ribu narežite na tanke trakice, pa prosijte začinjeno brašno. Zagrijte ulje i popržite mladi luk dok ne omekša. Dodajte salatu i pirjajte 2 minute. Dodajte ribu i kuhajte 4 minute. Dodajte vodu, đumbir i vino ili šeri, zakuhajte, poklopite i kuhajte 5 minuta. Kukuruzni škrob pomiješajte s malo vode, pa dodajte u juhu. Na laganoj vatri uz miješanje kuhajte još 4 minute dok juha ne stane

isperite i začinite solju i paprom. Poslužite posuto peršinom, limunovim sokom i soja umakom.

Juha od đumbira s mesnim okruglicama

poslužitelj 4

5 cm / 2 komada korijena đumbira, naribanog

350 g smeđeg šećera

1,5 l / 2½ pt / 7 šalica vode

225 g / 8 oz / 2 šalice rižinog brašna

2,5 ml / ½ žličice soli

60 ml / 4 žlice vode

U lonac stavite đumbir, šećer i vodu i promiješajte. Poklopite i kuhajte oko 20 minuta. Juhu ocijedite i vratite u lonac.

Za to vrijeme u zdjelu stavite brašno i sol pa malo po malo umiješajte s toliko vode da dobijete gusto tijesto. Oblikujte kuglice i ulijte njoke u juhu. Zakuhajte juhu, poklopite i kuhajte još 6 minuta dok njoki ne omekšaju.

ljuta i kisela juha

poslužitelj 4

8 suhih kineskih gljiva
1 l / 1¾ pt / 4¼ šalice pileće juhe
100 g piletine narezane na trakice
100 g mladica bambusa narezanih na trakice
100 g tofua narezanog na trakice
15 ml / 1 žlica soja umaka
30 ml / 2 žlice vinskog octa
30 ml / 2 žlice kukuruznog brašna (kukuruzni škrob)
2 razmućena jaja
nekoliko kapi sezamovog ulja

Namočite gljive u toploj vodi 30 minuta, zatim filtrirajte. Uklonite peteljke, a klobuke narežite na trakice. Zakuhajte gljive, temeljac, piletinu, mladice bambusa i tofu, poklopite i kuhajte 10 minuta. Pomiješajte sojin umak, vinski ocat i kukuruzni škrob dok ne postane glatko, dodajte u juhu i kuhajte 2 minute dok juha ne bude gotova. Miksajući štapićem postepeno dodavati jaje i sezamovo ulje. Pokrijte i ostavite stajati 2 minute prije posluživanja.

Juha od gljiva

poslužitelj 4

15 suhih kineskih gljiva
1,5 l / 2½ pt / 6 šalica pileće juhe
5 ml / 1 žličica soli

Gljive namočite u toploj vodi 30 minuta, zatim ocijedite, a tekućinu ostavite. Uklonite stabljike i prepolovite vrhove ako su veliki i stavite u veliku vatrostalnu posudu. Posudu stavite na rešetku u kuhalu za kuhanje na pari. Zakuhajte juhu, prelijte je preko gljiva, poklopite i ostavite da se kuha u kipućoj vodi 1 sat. Posolite i poslužite.

Juha od gljiva i kupusa

poslužitelj 4

25 g suhih kineskih gljiva
15 ml / 1 žlica ulja od kikirikija (kikiriki).
50 g nasjeckanih listova kineze
15 ml / 1 žlica rižinog vina ili suhog šerija
15 ml / 1 žlica soja umaka
1,2 L / 2 boda / 5 šalica pileće ili juhe od povrća
sol i svježe mljeveni papar
5 ml / 1 žličica sezamovog ulja

Namočite gljive u toploj vodi 30 minuta, zatim filtrirajte. Odstranite peteljke i odrežite vrhove. Zagrijte ulje i pržite gljive i kineske listove 2 minute dok se dobro ne pokriju. Prelijte vinom ili šerijem i soja umakom pa dodajte temeljac. Pustite da zavrije, začinite solju i paprom i kuhajte 5 minuta. Prije posluživanja pospite sezamovim uljem.

Juha od jaja od gljiva

posluživetlj 4

1 l / 1¾ pt / 4¼ šalice pileće juhe

30 ml / 2 žlice kukuruznog brašna (kukuruzni škrob)

100 g narezanih gljiva

1 ploška luka, sitno nasjeckanog

prstohvat soli

3 kapi sezamovog ulja

2,5 ml / ½ žličice soja umaka

1 razmućeno jaje

Pomiješajte malo juhe s kukuruznim škrobom, zatim pomiješajte sve sastojke osim jaja. Pustite da zavrije, poklopite i kuhajte 5 minuta. Miješajući štapićem dodavati jaje da se od jajea oblikuju niti. Maknite s vatre i ostavite da odstoji 2 minute prije posluživanja.

Juha od gljiva i kestena s vodom

poslužitelj 4

1 l / 1¾ pt / 4¼ šalice juhe od povrća ili vode

2 glavice luka sitno nasjeckane

5 ml / 1 žličica rižinog vina ili suhog šerija

30 ml / 2 žlice soja umaka

225 g šampinjona

100 g narezanog vodenog kestena

100 g izdanaka bambusa, narezanih na kriške

nekoliko kapi sezamovog ulja

2 lista zelene salate narezati na komade

2 mlada luka, narezana na kockice

Zakuhajte vodu, luk, vino ili šeri i sojin umak, poklopite i kuhajte 10 minuta. Dodajte šampinjone, vodene kestene i mladice bambusa, poklopite i pirjajte 5 minuta. Dodajte sezamovo ulje, listove zelene salate i mladi luk, maknite s vatre, poklopite i ostavite 1 minutu prije posluživanja.

Juha od svinjetine i gljiva

poslužitelj 4

60 ml / 4 žlice ulja od kikirikija.

1 češanj češnjaka, zgnječen

2 luka, narezana na ploške

225 g nemasne svinjetine narezane na trakice

1 stabljika celera, nasjeckana

50 g narezanih gljiva

2 mrkve, narezane na ploške

1,2 l / 2 pt / 5 šalica goveđe juhe

15 ml / 1 žlica soja umaka

sol i svježe mljeveni papar

15 ml / 1 žlica kukuruznog brašna (kukuruzni škrob)

Zagrijte ulje i pržite češnjak, luk i svinjetinu dok luk ne omekša i lagano porumeni. Dodajte celer, gljive i mrkvu, poklopite i pirjajte 10 minuta. Zakuhajte temeljac pa ga ulijte u tavu sa soja umakom te začinite solju i paprom. Kukuruzni škrob pomiješajte s malo vode pa ulijte u tavu i pirjajte uz miješanje oko 5 minuta.

Juha od svinjetine i potočarke

poslužitelj 4

1,5 l / 2½ pt / 6 šalica pileće juhe

100 g nemasne svinjetine narezane na trakice

3 stabljike celera, dijagonalno izrezane

2 mlada luka, narezana na ploške

1 vezica potočarke

5 ml / 1 žličica soli

Zakuhajte temeljac, dodajte svinjetinu i celer, poklopite i pirjajte 15 minuta. Dodajte mladi luk, potočarku i sol te pustite da se pirja otklopljeno oko 4 minute.

Svinjska juha od krastavaca

poslužitelj 4

100 g nemasne svinjetine narezane na tanke ploške
5 ml / 1 žličica kukuruznog brašna (kukuruzni škrob)
15 ml / 1 žlica soja umaka
15 ml / 1 žlica rižinog vina ili suhog šerija
1 krastavac
1,5 l / 2½ pt / 6 šalica pileće juhe
5 ml / 1 žličica soli

Pomiješajte svinjetinu, kukuruzni škrob, sojin umak i vino ili šeri. Promiješajte da se svinjetina obloži. Krastavac ogulite i prepolovite po dužini pa izvadite sjemenke. Narežite na deblje ploške. Zakuhajte temeljac, dodajte svinjetinu, poklopite i pirjajte 10 minuta. Dodajte krastavce i pirjajte nekoliko minuta dok ne postanu prozirni. Posolite i dodajte još malo soje ako želite.

Juha s mesnim okruglicama i tjesteninom

poslužitelj 4

50 g rižinih rezanaca

225 g mljevene svinjetine (mljeveno).

5 ml / 1 žličica kukuruznog brašna (kukuruzni škrob)

2,5 ml / ½ žličice soli

30 ml / 2 žlice vode

1,5 l / 2½ pt / 6 šalica pileće juhe

1 mladi luk (kapula), sitno nasjeckan

5 ml / 1 žličica soja umaka

Namočite tijesto u hladnu vodu dok ne napravite ćufte. Pomiješajte svinjetinu, kukuruzni škrob, malo soli i vode i oblikujte kuglice veličine oraha. Zakuhajte vodu, dodajte svinjske okruglice, poklopite i kuhajte 5 minuta. Dobro ocijedite i ocijedite tjesteninu. Zakuhajte temeljac, dodajte svinjske okruglice i tjesteninu, poklopite i kuhajte 5 minuta. Dodajte mladi luk, sojin umak i preostalu sol i pirjajte još 2 minute.

Juha od špinata i tofua

poslužitelj 4

1,2 l / 2 pt / 5 šalica pileće juhe
200 g rajčice iz konzerve, ocijeđene i nasjeckane
225 g tofua narezanog na kockice
225 g nasjeckanog špinata
30 ml / 2 žlice soja umaka
5 ml / 1 žličica smeđeg šećera
sol i svježe mljeveni papar

Zakuhajte temeljac pa dodajte rajčice, tofu i špinat te lagano promiješajte. Ponovno zakuhajte i kuhajte 5 minuta. Dodajte soja umak i šećer te začinite solju i paprom. Prije posluživanja pirjajte 1 minutu.

Kukuruz šećerac i sok od rakova

poslužitelj 4

1,2 l / 2 pt / 5 šalica pileće juhe
200 g kukuruza šećeraca
sol i svježe mljeveni papar
1 razmućeno jaje
200 g mesa rakova, u pahuljicama
3 ljutike, nasjeckane

Zakuhajte juhu, dodajte kukuruz i začinite solju i paprom. Kuhajte na laganoj vatri 5 minuta. Neposredno prije posluživanja razmutite jaja vilicom i umutite na vrh juhe. Poslužite posuto mesom rakova i nasjeckanom ljutikom.

Sečuanska juha

poslužitelj 4

4 sušene kineske gljive

1,5 l / 2½ pt / 6 šalica pileće juhe

75 ml / 5 žlica suhog bijelog vina

15 ml / 1 žlica soja umaka

2,5 ml / ½ žličice ljutog umaka

30 ml / 2 žlice kukuruznog brašna (kukuruzni škrob)

60 ml / 4 žlice vode

100 g nemasne svinjetine narezane na trakice

50 g kuhane šunke narezane na trakice

1 crvena paprika narezana na trakice

50 g vodenog kestena narezanog na ploške

10 ml / 2 žličice vinskog octa

5 ml / 1 žličica sezamovog ulja

1 razmućeno jaje

100 g oguljenih kozica

6 mladog luka (mladi luk), nasjeckanog

175 g tofua narezanog na kockice

Namočite gljive u toploj vodi 30 minuta, zatim filtrirajte. Odstranite peteljke i odrežite vrhove. Donesite juhu, vino, soju umak i čili umak, zakuhajte, poklopite i kuhajte 5 minuta. Kukuruzni škrob pomiješajte s pola vode i dodajte u juhu, miješajući dok se ne zgusne. Dodajte šampinjone, svinjetinu, šunku, papar i vodene kestene te pirjajte 5 minuta. Pomiješajte vinski ocat i sezamovo ulje. Umutiti jaje s preostalom vodom i uliti u juhu uz snažno miješanje. Dodajte kozice, mladi luk i tofu te pržite nekoliko minuta da se zagriju.

juha od tofua

poslužitelj 4

1,5 l / 2½ pt / 6 šalica pileće juhe

225 g tofua narezanog na kockice

5 ml / 1 žličica soli

5 ml / 1 žličica soja umaka

Prokuhajte juhu i dodajte tofu, sol i sojin umak. Pirjajte nekoliko minuta dok se tofu ne zagrije.

Juha od ribe i tofua

poslužitelj 4

225 g filea bijele ribe narezati na trakice
150 ml / ¼ pt / ½ velike šalice rižinog vina ili suhog šerija
10 ml / 2 žličice sitno nasjeckanog korijena đumbira
45 ml / 3 žlice soja umaka
2,5 ml / ½ žličice soli
60 ml / 4 žlice ulja od kikirikija.
2 glavice luka nasjeckane
100 g narezanih gljiva
1,2 l / 2 pt / 5 šalica pileće juhe
100 g tofua narezanog na kockice
sol i svježe mljeveni papar

Stavite ribu u zdjelu. Pomiješajte vino ili sherry, đumbir, soja umak i sol te prelijte preko ribe. Ostavite da se marinira 30 minuta. Zagrijte ulje i pržite luk 2 minute. Dodajte gljive i nastavite pirjati dok luk ne omekša, ali ne smeđi. Dodajte ribu i marinadu, zakuhajte, poklopite i kuhajte 5 minuta. Dodajte temeljac, ponovno zakuhajte, poklopite i kuhajte 15 minuta. Dodajte tofu i začinite solju i paprom. Kuhajte dok se tofu ne skuha.

Juha od rajčice

poslužitelj 4

400 g rajčice iz konzerve, ocijeđene i nasjeckane

1,2 l / 2 pt / 5 šalica pileće juhe

1 kriška korijena đumbira, nasjeckana

15 ml / 1 žlica soja umaka

15 ml / 1 žlica čili umaka

10 ml / 2 žličice šećera

Sve sastojke stavite u lonac i kuhajte na laganoj vatri uz povremeno miješanje. Kuhajte oko 10 minuta prije posluživanja.

Juha od rajčice i špinata

poslužitelj 4

1,2 l / 2 pt / 5 šalica pileće juhe

225 g sjeckane rajčice iz konzerve

225 g tofua narezanog na kockice

225 g špinata

30 ml / 2 žlice soja umaka

sol i svježe mljeveni papar

2,5 ml / ½ žličice šećera

2,5 ml / ½ žličice rižinog vina ili suhog šerija

Zakuhajte temeljac pa dodajte rajčice, tofu i špinat te pirjajte 2 minute. Dodajte ostale sastojke, pirjajte 2 minute pa dobro promiješajte i poslužite.

juha od repe

poslužitelj 4

1 l / 1¾ pt / 4¼ šalice pileće juhe

1 velika repa, tanko narezana

200 g nemasne svinjetine narezane na tanke ploške

15 ml / 1 žlica soja umaka

60 ml / 4 žlice rakije

sol i svježe mljeveni papar

4 ljutike, sitno nasjeckane

Zakuhajte temeljac, dodajte repu i svinjetinu, poklopite i kuhajte 20 minuta dok repa ne omekša, a meso omekša. Pomiješajte soja umak i brendi začinite po ukusu. Skuhajte vruće i poslužite posuto ljutikom.

Juha

poslužitelj 4

6 suhih kineskih gljiva
1 l / 1¾ pt / 4¼ šalice juhe od povrća
50 g izdanaka bambusa narezanih na trakice
50 g vodenog kestena narezanog na ploške
8 graška narezanih na ploške
5 ml / 1 žličica soja umaka

Namočite gljive u toploj vodi 30 minuta, zatim filtrirajte. Uklonite peteljke, a klobuke narežite na trakice. Dodajte u juhu s mladicama bambusa i vodenim kestenima, zakuhajte, poklopite i kuhajte 10 minuta. Dodajte snijeg od graška i sojin umak, poklopite i pirjajte 2 minute. Pustite da odstoji 2 minute prije posluživanja.

vegetarijanska juha

poslužitelj 4

¼ kupusa

2 mrkve

3 stabljike celera

2 mlada luka (mladi luk)

30 ml / 2 žlice ulja od kikirikija.

1,5 l / 2½ pt / 6 šalica vode

15 ml / 1 žlica soja umaka

15 ml / 1 žlica rižinog vina ili suhog šerija

5 ml / 1 žličica soli

svježe mljeveni papar

Povrće narežite na trakice. Zagrijte ulje i pržite povrće 2 minute dok ne počne omekšavati. Dodati ostale sastojke, prokuhati, poklopiti i kuhati 15 minuta.

juha od potočarke

poslužitelj 4

1 l / 1¾ pt / 4¼ šalice pileće juhe
1 glavica luka sitno nasjeckana
1 stabljika celera, nasjeckana
225 g potočarke, grubo nasjeckane
sol i svježe mljeveni papar

Zakuhajte temeljac, luk i celer, poklopite i pirjajte 15 minuta. Dodajte potočarku, poklopite i pirjajte 5 minuta. Začinite po ukusu solju i paprom.

Pržena riba s povrćem

poslužitelj 4

4 sušene kineske gljive
4 cijele ribe, očišćene i bez krljušti
pržimo ulje
30 ml / 2 žlice kukuruznog brašna (kukuruzni škrob)
45 ml / 3 žlice ulja od kikirikija.
100 g mladica bambusa narezanih na trakice
50 g vodenog kestena narezanog na trakice
50 g kineskog kelja nasjeckanog
2 kriške nasjeckanog korijena đumbira
30 ml / 2 žlice rižinog vina ili suhog šerija
30 ml / 2 žlice vode
15 ml / 1 žlica soja umaka
5 ml / 1 žličica šećera
120 ml / 4 fl oz / ¬Ω šalice ribljeg soka
sol i svježe mljeveni papar
¬Ω glavica zelene salate, naribana
15 ml / 1 žlica nasjeckanog plosnatog peršina

Namočite gljive u toploj vodi 30 minuta, zatim filtrirajte. Odstranite peteljke i odrežite vrhove. Ribu prerežite na pola

kukuruznog brašna i otresite višak. Zagrijte ulje i pržite ribu oko 12 minuta, dok ne bude pečena. Ocijedite na kuhinjskom papiru i držite na toplom.

Zagrijte ulje i pržite gljive, mladice bambusa, vodene kestene i kupus 3 minute. Dodajte đumbir, vino ili sherry, 15 ml/1 žlica vode, sojin umak i šećer te kuhajte 1 minutu. Dodajte temeljac, sol i papar, zakuhajte, poklopite i kuhajte 3 minute. Kukuruzni škrob pomiješajte s ostatkom vode, ulijte u tavu i kuhajte uz miješanje dok se umak ne zgusne. Salatu stavite na tanjur za posluživanje, a na nju stavite ribu. Prelijte povrćem i umakom te poslužite ukrašeno peršinom.

Cijela pržena riba

poslužitelj 4

1 veći brancin ili slična riba
45 ml / 3 žlice kukuruznog brašna (kukuruzni škrob)
45 ml / 3 žlice ulja od kikirikija.
1 sitno nasjeckani luk
2 češnja češnjaka, mljevena
50 g šunke narezane na trakice
100 g oguljenih kozica
15 ml / 1 žlica soja umaka
15 ml / 1 žlica rižinog vina ili suhog šerija
5 ml / 1 žličica šećera
5 ml / 1 žličica soli

Premažite ribu kukuruznim škrobom. Zagrijte ulje i popržite luk i češnjak dok ne porumene. Dodati ribu i ispeći je zlatno smeđu s obje strane. Prebacite ribu na aluminijsku foliju u posudu za pečenje i ukrasite šunkom i kozicama. Dodajte umak od soje, vino ili šeri, šećer i sol u tavu i dobro promiješajte. Prelijte preko ribe, zatvorite foliju i pecite u pećnici zagrijanoj na 150¬∞C 20 minuta.

Riba od soje kuhana na pari

poslužitelj 4

1 veći brancin ili slična riba

Sol

50 g / 2 oz / ¬Ω šalica višenamjenskog brašna.

60 ml / 4 žlice ulja od kikirikija.

3 kriške nasjeckanog korijena đumbira

3 mlada luka, nasjeckana

250 ml / 8 tečnih oz / 1 šalica vode

45 ml / 3 žlice soja umaka

15 ml / 1 žlica rižinog vina ili suhog šerija

2,5 ml / ¬Ω žličica šećera

Ribu očistite od ljuski i dijagonalno zarežite s obje strane. Pospite solju i ostavite 10 minuta. Zagrijte ulje i pržite ribu dok ne porumeni s obje strane, jednom je okrenite i poprskajte uljem dok se prže. Dodajte đumbir, mladi luk, vodu, sojin umak, vino ili šeri i šećer, zakuhajte, poklopite i kuhajte 20 minuta dok riba ne omekša. Poslužite toplo ili hladno.

Riba od soje s umakom od kamenica

poslužitelj 4
1 veći brancin ili slična riba
Sol
60 ml / 4 žlice ulja od kikirikija.
3 mlada luka, nasjeckana
2 kriške nasjeckanog korijena đumbira
1 češanj češnjaka, zgnječen
45 ml / 3 žlice umaka od kamenica
30 ml / 2 žlice soja umaka
5 ml / 1 žličica šećera
250 ml / 8 tečnih oz / 1 šalica ribljeg temeljca

Ribu očistite i razmjerite te je zarežite nekoliko puta ukoso s obje strane. Pospite solju i ostavite 10 minuta. Zagrijte većinu ulja i pržite ribu dok ne porumeni s obje strane, jednom je okrećući. Za to vrijeme u posebnoj tavi zagrijte preostalo ulje i popržite mladi luk, đumbir i češnjak dok ne porumene. Dodajte umak od kamenica, sojin umak i šećer te kuhajte 1 minutu. Dodajte juhu i prokuhajte. Smjesu ulijte u ribu dorado, prokuhajte, poklopite i pustite da lagano kuha cca.

15 minuta dok riba ne bude pečena, okrećite je jednom ili dva puta tijekom pečenja.

brancin kuhan na pari

poslužitelj 4

1 veći brancin ili slična riba
2,25 l / 4 kom / 10 čaša vode
3 kriške nasjeckanog korijena đumbira
15 ml / 1 žlica soli
15 ml / 1 žlica rižinog vina ili suhog šerija
30 ml / 2 žlice ulja od kikirikija.

Ribu očistite od ljuski i napravite nekoliko dijagonalnih rezova s obje strane. U velikom loncu zakuhajte vodu i dodajte ostale sastojke. Umočite ribu u vodu, dobro poklopite, ugasite vatru i ostavite da odstoji 30 minuta dok riba ne omekša.

Riba kuhana na pari s gljivama

poslužitelj 4

4 sušene kineske gljive
1 veliki šaran ili slična riba
Sol
45 ml / 3 žlice ulja od kikirikija.
2 mlada luka (mladi luk), nasjeckana
1 kriška korijena đumbira, nasjeckana
3 češnja češnjaka, mljevena
100 g mladica bambusa narezanih na trakice
250 ml / 8 tečnih oz / 1 šalica ribljeg temeljca
30 ml / 2 žlice soja umaka
15 ml / 1 žlica rižinog vina ili suhog šerija
2,5 ml / ¬Ω žličica šećera

Namočite gljive u toploj vodi 30 minuta, zatim filtrirajte. Odstranite peteljke i odrežite vrhove. Napravite nekoliko dijagonalnih rezova s obje strane ribe, pospite solju i ostavite da odstoji 10 minuta. Zagrijte ulje i pržite ribu dok ne porumeni s obje strane. Dodajte mladi luk, đumbir i češnjak te kuhajte 2 minute. Dodati ostale sastojke, prokuhati, poklopiti i pirjajte 15 minuta dok riba ne omekša, okrećući jednom ili dva puta, povremeno miješajući.

slatka i kisela riba

poslužitelj 4

1 veći brancin ili slična riba
1 razmućeno jaje
50 g kukuruznog brašna (kukuruzni škrob)
pržimo ulje

Za umak:

15 ml / 1 žlica ulja od kikirikija (kikiriki).
1 zelena paprika, narezana na trakice
100 g konzerviranog ananasa u sirupu
1 glavica luka, izrezana na kolutove
100 g / 4 oz / ¬Ω šalice smeđeg šećera
60 ml / 4 žlice pileće juhe
60 ml / 4 žlice vinskog octa
15 ml / 1 žlica paste od rajčice (pasta)
15 ml / 1 žlica kukuruznog brašna (kukuruzni škrob)
15 ml / 1 žlica soja umaka
3 mlada luka, nasjeckana

Očistite ribu i po želji joj uklonite peraje i glavu. Prevaljajte ga preko razmućenog jajeta pa preko kukuruznog škroba. Zagrijte ulje i dovršite pečenje ribe. Dobro ocijedite i držite na toplom.

Za pripremu umaka zagrijte ulje i na njemu 4 minute pržite paprike, ocijeđeni ananas i luk. Dodajte 30 ml / 2 žlice sirupa od ananasa, šećer, juhu, vinski ocat, tijesto od rajčice, kukuruzni škrob i sojin umak, zatim pustite da zavrije, miješajući. Kuhajte na laganoj vatri uz miješanje dok umak ne postane bistar i ne zgusne se. Prelijte ribu i poslužite posuto mladim lukom.

Punjena riba od svinjetine

poslužitelj 4

1 veliki šaran ili slična riba

Sol

100 g mljevene svinjetine (mljeveno).

1 mladi luk (kapula), sitno nasjeckan

4 kriške nasjeckanog korijena đumbira

15 ml / 1 žlica kukuruznog brašna (kukuruzni škrob)

60 ml / 4 žlice soja umaka

15 ml / 1 žlica rižinog vina ili suhog šerija

5 ml / 1 žličica šećera

75 ml / 5 žlica ulja od kikirikija.

2 češnja češnjaka, mljevena

1 luk, narezan na ploške

300 ml / ¬Ω pt / 1¬° šalice vode

Ribu očistiti, očistiti od ljuski i posuti solju. Pomiješajte svinjetinu, mladi luk, malo đumbira, kukuruzni škrob, 15 ml / 1 žlica sojinog umaka, vino ili šeri i šećer i upotrijebite za punjenje ribe. Zagrijte ulje i pecite ribu dok ne porumeni s obje strane, zatim je izvadite iz posude i ocijedite veći dio ulja. Dodajte preostali češnjak i đumbir te pržite dok ne porumene.

Dodajte preostali sojin umak i vodu, zakuhajte i kuhajte 2 minute. Vratite ribu u tavu, poklopite i pirjajte oko 30 minuta dok se riba ne skuha, okrećući jednom ili dva puta.

Šaran začinjen na pari

posluživelj 4

1 veliki šaran ili slična riba
150 ml / ¬° pt / velika šalica ¬Ω ulja od kikirikija (kikiriki).
15 ml / 1 žlica šećera
2 češnja češnjaka sitno nasjeckana
100 g izdanaka bambusa, narezanih na kriške
150 ml / ¬° pt / dobra ¬Ω šalica riblje juhe
15 ml / 1 žlica rižinog vina ili suhog šerija
15 ml / 1 žlica soja umaka
2 mlada luka (mladi luk), nasjeckana
1 kriška korijena đumbira, nasjeckana
15 ml / 1 žlica slanog vinskog octa

Ribu očistite i uklonite ljuske te je ostavite nekoliko sati namakati u hladnoj vodi. Ocijedite i osušite pa nekoliko puta zarežite s obje strane. Zagrijte ulje i pecite ribu s obje strane. Izvadite iz posude, ulijte i sačuvajte sve osim 30 ml/2 žlice ulja. Dodajte šećer u šerpu i miješajte dok ne potamni. Dodajte češnjak i mladice bambusa i dobro promiješajte. Dodajte ostale sastojke, prokuhajte pa vratite ribu u posudu, poklopite i pirjajte oko 15 minuta dok riba ne omekša.

U vruću tavu posložite ribu i prelijte je umakom.

www.ingramcontent.com/pod-product-compliance
Lightning Source LLC
Chambersburg PA
CBHW071434080526
44587CB00014B/1848